COLLECTION PH. BURTY

CONDITIONS DE LA VENTE

Elle sera faite au comptant.

Les adjudicataires payeront cinq pour cent en sus des enchères applicables aux frais.

AIGLE DE MER EN GRÈS DE BIZEN
(Pièce n° 1498 du Catalogue)

COLLECTION PH. BURTY

OBJETS
d'Art Japonais
ET CHINOIS

QUI SERONT VENDUS A PARIS

DANS LES

GALERIES DURAND-RUEL

11, rue Le Peletier, 11

DU LUNDI 23 AU SAMEDI 28 MARS 1891

A DEUX HEURES PRÉCISES

PAR LE MINISTÈRE

De Me MAURICE DELESTRE, Commissaire-priseur

Rue Drouot, 27

AVEC L'ASSISTANCE

De M. S. BING, rue de Provence, 22

EXPOSITIONS

Particulière, chez S. BING	Publique, chez DURAND-RUEL
Du Lundi 9 au Samedi 14 Mars	Les Samedi 21 et Dimanche 22 Mars

DE 1 HEURE A 5 HEURES

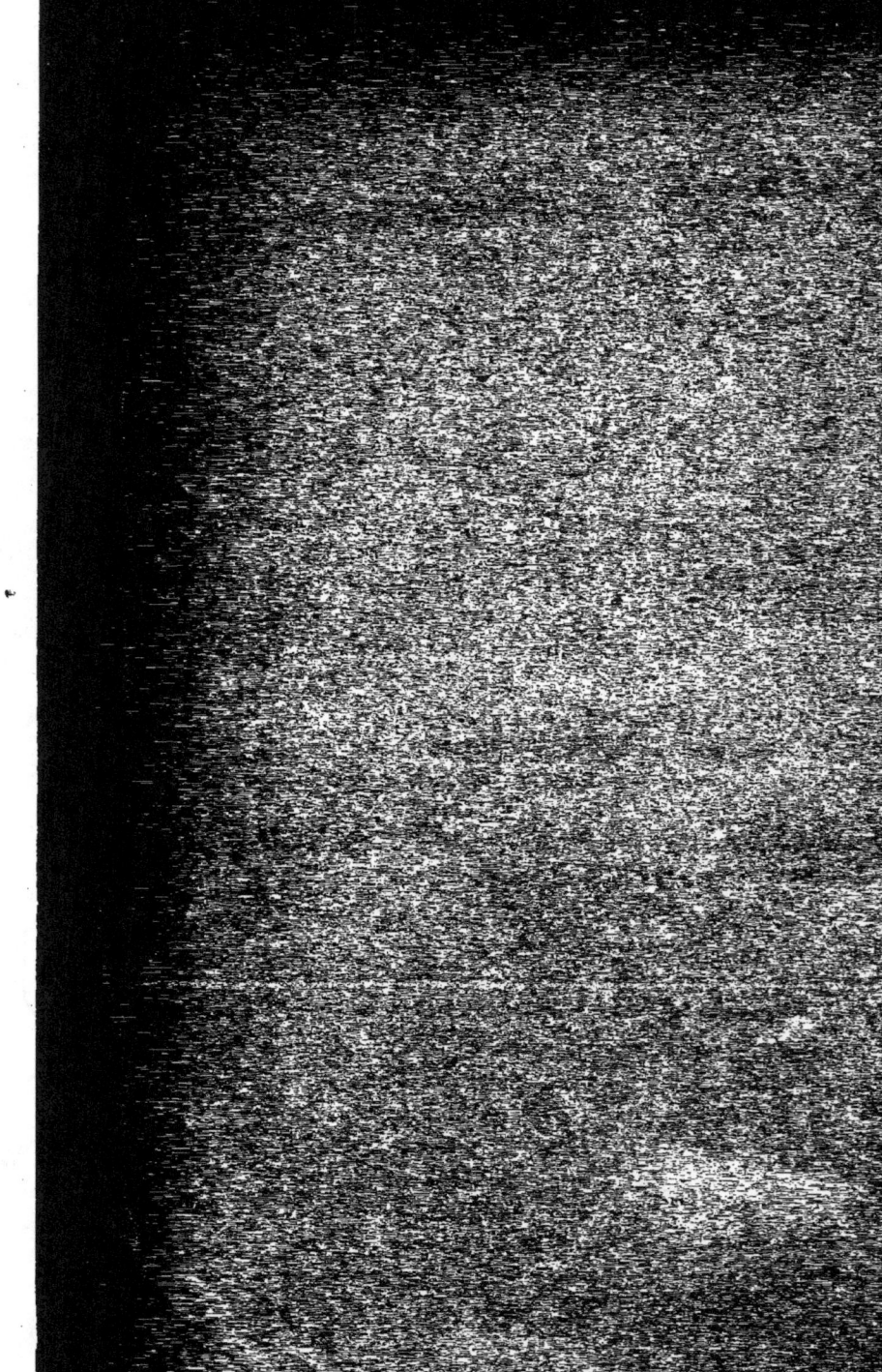

Amatérassu, déesse du Soleil, en remettant le pouvoir terrestre aux mains de son petit-fils, ancêtre des souverains Japonais, lui avait dit : « Voici un miroir, mon emblème. Quand tes yeux se tourneront vers lui, il te renverra l'image de ma splendeur, qui sera ton flambeau et celui de ta race dans tous les détours obscurs. »

N'est-ce pas aussi un miroir de lui-même que nous lègue aujourd'hui celui qui s'est le plus complètement identifié avec les descendants de la déesse radieuse? Dans la collection que sa mort nous livre, Burty apparaît vivant. Parmi ces choses il n'en est pas une qui ne parle d'une sensation éprouvée, profonde, vibrante, comme en connaissent seules les natures exquisement affinées. Affiné, son esprit le fut vraiment — comme l'avait été jadis celui de ses frères, là-bas, à l'autre bout du monde.

Expliquera-t-on jamais le mystère des affinités qui, d'un point extrême du globe à l'autre extrémité, se devinent, s'attirent, se trouvent et se reconnaissent? Voici deux peuples : Rien dans les conditions extérieures de leur existence n'était de nature à les rassembler. Tout paraît fait de contrastes : Les bases originaires de leur civilisation, leur organisation sociale, leur façon de vivre, leur éducation et leurs doctrines philosophiques. Rien de commun entre eux; rien... si ce n'est certain germe subtil, qui à l'ombre grandit, se développe, et aboutit à l'éclosion d'un idéal supérieur, qui ignore les frontières et les races. — Et voici qu'un jour un atome de la floraison lointaine trouve son chemin par delà les mers. Un courant magnétique l'emporte, invisible aux regards du vulgaire, vers le coin prédestiné où l'attendait l'âme amie, et le chérira.

Cette force d'attraction, s'exerçant sur toutes les manifestations du beau, d'où qu'elles partissent, Burty la possédait au suprême degré. On sait combien son esprit a toujours été accueillant pour les jeunes : Comment n'aurait-il pas été hospitalier à une forme d'art ignorée, révélatrice, et qui nous arrivait tout imprégnée encore de sa piquante saveur de terroir ? Il fut subjugué à première vue.

Ce moment est déjà loin de nous. Il faut se reporter en arrière de près de trente ans, à l'époque où la féodalité régnait encore au Japon sous le pouvoir despotique du Shogounat. C'était le temps où les vieux partis loyalistes s'agitaient pour remettre en honneur le prestige, si longtemps amoindri, du droit divin, que représentait l'antique lignée des Mikado. Ils avaient secoué leur torpeur au cri de guerre contre l'élément étranger, auquel le Shogoun venait d'entrebailler les portes de l'empire. Rien ne leur présageait encore que, vainqueurs, ils seraient à leur tour entraînés par l'impétuosité du courant nouveau, et que les plus farouches d'entre eux deviendraient les plus ardents à s'enrôler sous l'uniforme monotone de nos civilisations occidentales — peu jaloux d'ailleurs, de nous voir ramasser, en échange, les dépouilles démodées de leur culture artistique. Mais avant même que le tourbillon n'eût ébranlé dans ses fondements l'œuvre de tant de siècles, quelques épaves étaient venues jusqu'à nous, et Burty s'est trouvé au premier rang pour les recueillir. Ses premiers achats datent en effet de 1863. Ils se composent de sept petits albums, que plus tard il sut être de Hokusaï. Si peu que ce fût, il y avait là de quoi exciter des convoitises de gourmet, mais les occasions étaient bien rares encore. Pendant les six ou sept années qui nous séparaient de l'ouverture définitive du Japon il a fallu une volonté persistante, un éveil soutenu, pour constituer le noyau de la future collection. Longtemps cela restait un événement important et joyeux, que chaque apparition isolée d'une recrue, venant grossir les rangs peu serrés des premiers contingents. Enfin toutes les barrières étaient tombées, et en 1871, au moment où nos esprits, accablés par les catastrophes récentes, se reprenaient à vivre, on pouvait se livrer pleinement aux recherches fructueuses.

Les arrivages du Japon se succédaient nombreux maintenant, irréguliers cependant comme choix. C'étaient parfois de singuliers mélanges, mais Burty n'était pas de ceux qui ont besoin de passer par une « école » pour savoir discerner le grain au milieu de l'ivraie. A cette époque nul ne pouvait, à la vérité, se targuer de connaissances scientifiques en choses japonaises, mais avec une rare décision de jugement, et guidé par une sagacité empirique plus précieuse qu'une vaste érudition, par une manière de double vue qui — le dirai-je? — semblait retrouver en ces choses inconnues comme le vague ressouvenir de choses quelque part connues ou pressenties, Burty ne s'est pas égaré un seul instant dans les obscurités de la route.

Rarement un jour se passait désormais sans ajouter une pierre à l'édifice, et chaque objet nouveau rendait plus étroite l'intimité entre l'œuvre et l'ouvrier. Ils allaient s'assimilant mutuellement, car si la collection se formait à l'image de son créateur, l'esprit de Burty subissait avec complaisance l'action inverse; son tempérament sensitif en retenait les empreintes et s'aiguisait encore au contact permanent de ces raffinements exquis, qui ne dévoilent leurs mystères qu'à l'œil pénétrant d'un fidèle. Et, loin d'entraîner à sa suite le culte exclusif d'une seule forme de l'art, cet incessant exercice rendait le regard chaque jour plus prompt à saisir le beau dans toutes ses manifestations quelconques. Mais si Burty est toujours resté l'amateur éclectique par excellence, s'il n'a jamais abjuré sa foi dans les gloires artistiques de son propre pays, s'il fut sans relâche le passionné soutien de tous les élans hardis et convaincus, est-ce trahir sa mémoire que d'affirmer qu'il revenait constamment avec tendresse à son cher Japon? C'était pour lui le suprême refuge aux moments d'affliction, sa sauvegarde contre l'assaut des sombres pensées et des découragements fatals. Et lorsque, seul à seul, le fluide s'établissait, dans l'ineffable oubli de l'existence journalière, l'objet aimé chuchotait mille confidences aimables à l'esprit extasié, qui ardemment l'interrogeait sur son origine, sur la main de l'artiste qui l'avait façonné, sur l'altier seigneur qui maintes fois en avait fait ses délices, sur l'histoire, enfin, de tout son passé. Ces muets épanchements, nul ne les a connus, nul ne les connaîtrait, s'ils n'avaient été recueillis par la propre main de Burty, sans autre but que de perpétuer le souvenir des heures poétiques. Écoutez la description d'une boîte de laque, grande de 5 centimètres. (C'est le numéro 44 de la collection) :

« Elle est en bois veiné jaune écaille. Elle fut fabriquée chez un peuple qui possède les plus belles essences résineuses de l'univers, et qui en est amateur au point que les dalles du palais des Mikado étaient toutes en bois noir verni.

« C'est une boîte enchantée !...

« Car si vous l'ouvrez, vous avez dedans le fond, sous le couvercle, sur le retour des côtés, un tableau en laque d'or, du laque le plus pur, constellé de pépites d'or, tracé du pinceau le plus sobre et le plus sûr de ses traits. Je dis un tableau, oui, un tableau sans bornes et sans sujets épisodiques, la mer, les petits flots qui glissent entre les rochers, les caressent, laissent à sec sur la grève des coquillages qui brillent. La mer, émue par la brise, comme une belle fille qui se sèche au soleil, en frissonnant un peu.

« Je n'ai jamais rencontré dans aucun art une impression aussi imprévue, aussi franche, aussi magistrale. J'ai souvent dit en riant que ces boîtes me semblaient de petits tombeaux somptueux pour des idées délicates, des déclarations fugitives, des serments vite rompus, des sensations flétries et fleurantes comme des pétales de roses de Bengale, cueillies à deux, dans une allée à l'automne. Cette fois, c'est cela, pas autre chose que cela. La grande idée qu'a mise un ouvrier dans cette chambre close ! La solide et fière sensation que se rappelait la dame qui ouvrit cette boîte, comme elle eût fait d'un carnet, ou d'un livre de vers corné à une page ! La fine et hautaine civilisation que cet épisode nous transmet !... »

En tête de tout catalogue qui se respecte, il est d'usage de se lamenter sur la vie éphémère des choses et sur la dispersion « sous le marteau du commissaire-priseur » d'une collection qui représente toute une vie de labeur. Je ne mêlerai pas ma voix à ce chœur traditionnel. En s'égrenant, l'œuvre de Burty deviendra la semence qui féconde les alentours pour de nouvelles floraisons. Cette idée a dû consoler le passionné collectionneur à l'heure cruelle de la séparation. Il a pu se dire, que ses exemples survivraient pour éclairer la route, où d'autres, après lui, pourront retrouver les mêmes joies. Certes, sa pensée n'allait pas à ceux que flatte l'éclat superficiel des choses, ni aux nombreux courtisans de la banalité, qui limitent leur adoration aux beautés consacrées par les lois du convenu. A eux je dirai : Ne vous attardez pas ici; cette collection n'est pas pour vous. L'héritage de Burty s'adresse aux esprits sincères, qui jugent d'après l'intensité de leurs sensations propres, aux âmes chaleureuses, qui s'émeuvent à l'aspect de toute fleur délicate, et connaissent l'enivrement des parfums subtils!

S. BING.

Mars 1891.

CATALOGUE

AVERTISSEMENTS

Chaque Vacation comprendra des objets de diverses catégories. L'ordre des Numéros ne sera pas suivi.

La mention dans le catalogue de certaines avaries ne constitue aucun droit de revendication à l'égard des défauts qui ont pu échapper.
Le titre des métaux précieux n'est pas garanti.

Le groupement par siècles a été suivi avec le plus de rigueur possible; cependant certaines dates ont dû être fixées par approximation.
La présence d'une même signature d'artiste sous plusieurs époques successives s'explique par des transmissions de noms d'une génération à l'autre.

Tous les objets auxquels le catalogue n'attribue pas une origine déterminée, doivent être considérés comme japonais.

TABLE DES MATIÈRES

Pages.

Laques. — Cabinets, boîtes, écritoires, plateaux, etc. 15
Inrô (Boîtes portatives à compartiments) 53
Netsuké. — Bois, ivoire, métal, céramique. 81
Objets en bois sculpté, autres que les netsuké 97
Objets en ivoire. 103
Armes. — Sabres, lames, fers de lances et de flèches 107
Gardes de sabres et de poignards 113
Kodzuka (petits couteaux pour les sabres) 153
Kogaï (aiguilles de métal pour les sabres). 172
Anneaux et bouts de sabres 175
Ménouki (Appliques ciselées pour poignées de sabres) 186
Ustensiles de fumeurs. — Pochettes, pipes, étuis de pipes. . 189
Kanamono (Appliques ciselées pour pochettes) et **Coulants**. . 193
Céramiques. — Porcelaines, grès, poteries 201
Objets en fer. — Animaux articulés, vases, boîtes, etc. 229
Objets en bronze. — Vases, animaux, etc. 237

TABLE DES MATIÈRES.

	Pages.
Objets en argent. — Flacons, boîtes, etc.	251
Peignes et Épingles à cheveux	253
Ustensiles d'écriture. — Godets à eau, pinceaux, supports.	257
Émaux cloisonnés. — Vases, brûle-parfums, etc.	260
Étoffes. — Fouk'sa, ceintures, etc.	261
Objets divers	262
Vitrines	265

LAQUES

LAQUES ANTÉRIEURS AU XVIᵉ SIÈCLE

1. **Plateau** rectangulaire à grands bords. Le décor représente des filets de pêche qui sèchent, pendus à des troncs d'arbres fourchus, sur des rochers que baignent les flots. Le motif est rendu en laque mordoré, partiellement pavé d'argent, sur fond noir aventuriné.
    Spécimen des laques de Kamakoura, qui s'exécutaient dans cette ancienne capitale depuis le xiᵉ jusqu'au xvᵉ siècle

    <small>Le fond du plateau est endommagé par une fente.</small>

2. **Petite boîte** octogone à fond noir, et décorée en or mat de fougères, avec réserves circulaires, où des cigognes aux ailes éployées forment arabesque. Bords sertis d'étain.

3. **Boîte à écrire** oblongue à bords arrondis. Sur un fond brun mat un treillis et des tiges de chrysanthèmes fleuries couvrent les surfaces extérieures. Une partie de ce décor, qui apparaît aujourd'hui en noir brillant, porte des traces de vieille dorure. D'autres fleurs et feuilles se détachent en brun-rouge, sablé d'or.

4. **Boîte à parfums** carrée, plate, sertie d'étain, en laque granuleux. Le décor représente un vol de papillons verts à lisérés jaunes, voltigeant sans ordre dans un fond noir, semé de feuilles d'érable rouges. A l'intérieur et au revers d'autres papillons analogues.

LAQUES DU XVIe SIÈCLE

5. **Cabinet** rectangulaire, étroit, à grande profondeur, avec porte à charnières, ferrures et poignées de bronze. Le décor en or sur fond noir avec incrustations de nacre, représente des gerbes de roseaux et de plantes fleuries, qui émergent d'une haie. A l'intérieur, quatre tiroirs superposés.

Hauteur : 0^m,16   Profondeur : 0^m,26

6. **Petite boîte** octogone à couvercle bombé ; fond noir aventuriné, décoré des vagues de la mer et de petits dragons disposés en cercle. Intérieur aventuriné. Bords sertis d'étain.

7. **Boîte** plate, de forme circulaire, avec couvercle bombé. Fond noir-écaille, décoré, en or usé et en aventurine, de deux gros bambous.

8. **Boîte à miroir** ronde et plate, en laque rouge. Le couvercle est décoré d'une grande branche de pivoine, sculptée en bas-relief. La couche inférieure du laque, qui est noire, apparaît en de nombreuses places, accusant les reliefs de l'ornementation.

9. **Petit coffret** en laque brun, en forme d'un carré long, à coins rentrés. Le plat du couvercle a été décoré en couleurs d'un motif de fleurs en partie effacé. Sur chacune des quatre faces il a été creusé, dans l'épaisseur de la couche

LAQUES DU XVIᵉ SIÈCLE.

de laque, deux médaillons dont le fond est recouvert d'un laqué fin, tressé de rouge. Genre appelé *nounobari*.

10. **Boîte à parfums** sertie d'étain, en forme d'un carré long aux coins arrondis. Fond noir sablé d'or, décoré d'un semis de fleurs de paulownia, armoirie de la famille impériale.

    Le laque s'écaille en quelques endroits.

11. **Petite boîte à écrire**, oblongue. Laque aventuriné, parsemé des armoiries princières d'Arima, en burgau et en laque rouge, mêlées à des papillons et des libellules rouges ou or. A l'intérieur, un décor d'or, représentant un vol de libellules et des troncs d'arbre dénudés.

12. **Petit pot à cendres**, en forme de fût surbaissé, les bords abattus en biseau. Couvercle d'ivoire. Sur le pourtour inférieur de l'objet est étendu un fond de laque sombre à frottis d'argent, qui représente une plage de sable, où se voient en laque d'or des saulniers allant puiser de l'eau. Au-dessus un sablé d'or.

    L'objet est endommagé par une fente.

13. **Boîte à parfums**, sertie d'argent, carrée, aux coins arrondis. Sur fond brun un décor d'or, représentant un vol d'hirondelles au-dessus des flots, qui baignent un rocher, planté de roseaux. Le même décor se répète à l'intérieur de la boîte.

    Au lieu d'une pièce ancienne, ce n'est peut-être qu'une reproduction faite au xviiiᵉ siècle.

14. **Pot à cendres** en bois naturel avec couvercle ajouré. Il est décoré en laque d'or de grands filets de pêche, suspendus à des pieux ; ces derniers en laque pavé. Les mailles de l'un des filets sont figurées par des cloisons d'étain, incrustées dans le bois. Le décor se continue sous le recouvrement du couvercle.

15. **Coffret** carré long. Le dessus et les côtés sont ornés en or mat, d'un décor de chrysanthèmes et de grues sous des pins, mi-parties à fond noir ou à fond d'aventurine, séparées par une ligne en zig-zag. Le plateau intérieur offre autour de ses bords un décor analogue. Le revers du couvercle porte, en or mat, une branche de fleurs derrière une haie de branchages. A toutes les parties du décor se mêle l'armoirie impériale, formée de la fleur et des feuilles du paulownia.

16. **Boîte à parfums** cylindrique, sertie d'étain. Fond noir aventuriné, avec décor en laque d'or usé, représentant un arbuste en fleurs derrière un vieux pin. A l'intérieur, décor analogue.

17. **Boîte à parfums** en forme de fleur de chrysanthème, en laque rouge, tacheté de noir. Intérieur aventuriné.

18. **Boîte à parfums** carrée à angles arrondis, le couvercle légèrement bombé, les bords sertis d'étain. Sur fond noir un semis de fleurs de chrysanthèmes stylisées, en laque d'or plat. Le même décor se continue sous le fond de la boîte.

   Le dessus du couvercle est légèrement endommagé.

19. **Boîte à parfums** en carré long, avec angles arrondis. Fond de laque noir piqué d'or, portant en réserves un semis d'armoiries des princes d'Arima. A l'intérieur, sur fond aventuriné, sont jetées des fleurs de chrysanthème en or.

LAQUES DU XVIIe SIÈCLE

20. **Coffret** du modèle de deux boîtes en forme de losange, dont l'une aurait pénétré par son extrémité dans l'autre. Fond noir, décoré dessus de jeux d'enfants, et orné, au pourtour du couvercle et du corps de la pièce, d'une frise en laque d'or, formée d'un dessin à damier.

    La boîte contient un attirail complet à préparer le thé, savoir : 1° un bol en porcelaine de Hizen, décoré en bleu sous couverte; 2° une boîte cylindrique en laque noir uni, pour contenir le thé en poudre; 3° une cuillère en bambou pour puiser ce thé; 4° le blaireau en lamelles d'écorce de bambou pour battre la décoction; 5° un petit tube à serviette en poterie verte de Rakou; 6° une petite boîte à parfums en vieux laque d'or, décoré, en relief, d'un motif d'alvéoles et d'un groupe d'enfants.

    Ce coffret est entouré d'une enveloppe de vieux satin havane à travail de tapisserie, et les ustensiles sont protégés par des housses en brocart, en crêpe ou en mailles de soie.

21. **Petite boîte à parfums** en laque rouge, du genre appelé *Nigoro*. Elle représente un coq, avec les plumes figurées par des hachures noires.

22. **Boîte à écrire** carrée, aux bords arrondis. Elle est en bois de kiri naturel, orné d'une branche d'iris et d'une fleur de camélia. Ce décor, qui est en laque d'or de relief, avec parties de faïence verte et de nacre, est peut-être d'une époque postérieure à l'origine de la boîte.

    Cachet en nacre (non authentique) : Ritzu-ô.

23. **Boîte à thé** cylindrique, à couvercle arrondi. Laque noir, portant un décor d'or, de vagues stylisées, sur lesquelles se détache un semis de roues de moulins à eau. Plateau intérieur.

24. **Boîte à parfums** carrée, plate, avec couvercle à recouvrement et deux petits anneaux d'argent. Fond noir piqué or, sur lequel sont jetées sans ordres des draperies en or et en couleurs, avec des cordelières d'or, terminées par des glands.

25. **Boîte à parfums** à fond plat et couvercle bombé, en bois naturel, orné de deux fleurs de chrysanthème en laque blanc, formant bas-relief. La tige et les feuilles sont en laque plat, d'un vert sombre.

   Par Koyetsu, ou de son école.

26. **Boîte** carrée haute, à trois compartiments superposés. Le compartiment du fond est fait d'un bois dur, auquel on a conservé son ton naturel. Chacune de ses faces est ornée d'un découpage ajouré avec un entourage en or mat. Les autres parties de la boîte sont recouvertes d'un laque rouge à décors de frises d'or et d'argent. Le dessus du couvercle est richement décoré de bas-reliefs en laque d'or de différents tons, avec incrustations de nacre, de corail et de malachite. Le sujet représente, dans un entourage agreste, un personnage assis, qui se dispose à saisir une écrevisse.

27. **Boîte à parfums** plate, en forme de nœud. Laque noir, semé de fleurs de cerisier en or.

28. **Cantine**, composée d'une étagère carrée à poignée d'argent, et contenant un plateau, un tiroir, une boîte carrée à quatre compartiments horizontaux et deux bouteilles à saké en argent (poids 235 gr.), supportées par un plateau formant boîte. Toutes les surfaces extérieures sont semées, sur un fond aventuriné, d'écrans à main de formes diverses, au nombre de soixante-deux. Chacun de ces écrans porte un décor différent de fleurs, de paysages, d'animaux ou de personnages, où l'or se mêle à l'argent et aux couleurs. Les procédés d'exécution sont des plus variés et la facture se distingue par une rare fermeté.

29. Boîte circulaire, dont l'intérieur et le revers sont en laque d'or. L'extérieur est à fond noir, avec un décor d'herbes fleuries en or.

30. Boîte à parfums plate, représentant un écran à main, de forme arrondie, à manche de bambou. Laque d'or de ton mat à fines paillettes, décoré en gris, d'un vol de petits oiseaux.

31. Pot à brûler les parfums, de forme surbaissée, à fond plat. Laque noir, piqué d'or. Couvercle découpé en cuivre doré.

32. Boîte cylindrique à bords arrondis, en laque d'or, sur lequel un semis de fleurs de chrysantèmes est indiqué en fins traits noirs. Ce décor se répète au revers de la boîte. L'intérieur est décoré de fleurs de paulownia en or plat sur fond aventuriné.

33. Petite boîte à parfums de forme plate et circulaire. Sur un fond très finement sablé d'or, une grue, laquée en deux tons d'or différents, déploie ses ailes en rond, de façon à contourner, du bout de ses plumes, les bords du couvercle. La tête est laquée rouge. Intérieur aventuriné.

   Pièce reproduite dans l'*Art japonais*, par L. Gonse, t. II, p. 207.

34. Boîte circulaire à fond noir, décorée d'or, à l'extérieur comme à l'intérieur, de pins, coupés par des bandes de nuages.

35. Pot à brûler des parfums, en laque noir avec décor d'or, mélangé d'aventurine. Sur l'une des faces se dressent des bambous animés d'oiseaux, et l'autre côté offre un semis d'armoiries diverses, de forme circulaire.

36. Pot à cendres de forme cylindrique, avec doublure de cuivre à l'intérieur. Laque noir avec un décor d'or, représentant de jeunes pins, un prunier en fleurs et des bambous.

37. **Boîte** en forme tubulaire, divisée en trois compartiments superposés. Laque noir, décoré de trois motifs, disposés en rond, et composés d'une branche de cerisier épanouie, en or, argent et rouge, d'une branche d'érable or et rouge, ou d'une tige de liserons fleurie, en or de deux tons. L'intérieur des deux premiers compartiments est nuagé d'aventurine; le dernier est doublé de cuivre doré.

38. **Boîte à parfums**, circulaire et plate. Laque sculpté d'un motif de vignes, les feuilles en vert et les grappes en rouge. Double bordure à la grecque au pourtour, qui est noir, ainsi que l'intérieur et le revers de la boîte.
Genre de laque *Sonzei*.

39. **Deux pots à cendres** cylindriques, à couvercles plats. Laque noir, finement sablé d'or par places. Le bord est contourné par une bande décorée de quelques aiguilles de pin en laque d'or usé.

40. **Boîte à parfums** à fond plat et couvercle conique, en bois naturel, décoré d'un vol de deux grues en laque blanc.
L'intérieur est à fond d'or.
Par KÔRIN. Signature : *Seisei* (surnom de KÔRIN).

41. **Boîte à parfums** carrée, à coins rentrés. Son couvercle, finement serti d'argent, est à recouvrement. Le décor, de laque plat, représente, sur fond d'or, des feuilles d'érable, cernées rouge, et jetées les unes par-dessus les autres.

42. **Petite boîte à écrire** carrée. Sur un fond noir, piqueté d'or, un décor d'or, en laque plat, représente un cerf venant boire à une flaque d'eau et une biche qui relève la tête pour brouter de hautes herbes sauvages. Au revers, les mêmes herbes en or plat, éclairées par un quartier de lune en argent.
Par SHUNSHO.

43. **Boîte à écrire** en laque d'or aventuriné, carrée à angles abattus. Elle est aux armes princières des Tokougawa, et des Arima Nakatsuka. Le décor représente, à l'extérieur, et

sur les côtés, un cours d'eau, ondulant entre des rochers, qui entraîne des feuilles d'érable et porte des trains de bois. A l'intérieur, un oiseau chante sur une branche de cerisier en fleurs, au bord d'un ruisseau, dans lequel coasse une grenouille.

44. **Petite boîte à parfums** carrée, aplatie, à coins arrondis, les bords finement cerclés d'étain. Elle est en bois naturel, à larges veines, couleur écaille, et sans décor extérieur. Le dedans est laqué d'or, et représente une plage où viennent mourir les flots d'une mer calme. De petits pavés d'or scintillants simulent des coquillages sur la plage. L'envers du fond est piqueté d'or.

45. **Petite boîte** sphéroïdale à couvercle plat, en laque rouge sculpté, appelé *Tsuishu*. L'ornementation de la boîte se compose de plantes de cactus, et celle du couvercle représente un lapin dans les herbes.

    Signée : Toyei.

46. **Pot à thé** cylindrique. Sur fond rouge poudré de burgau se détache en or mat un décor d'herbes fleuries, dont les tiges partent du bas pour se concentrer sur le dessus du couvercle.

    Au revers, un cachet illisible.

47. **Boîte à thé** cylindrique à bords arrondis, en laque d'or, décoré de fleurs sauvages et de roseaux, en différents tons d'or avec incrustation de burgau. L'intérieur offre un vol d'insectes en laque d'or usé au milieu d'un fond aventuriné.

48. **Boîte à parfums** circulaire et plate. Sur un fond de laque noir, criblé d'une infinité de petits trous se détache un décor rouge, représentant un singe accroché aux branches d'une plante à larges feuilles et à gros fruits. Sur le pourtour court une double bordure à la grecque, en rouge, sur le même fond noir pointillé.

    Spécimen des laques appelés *Sonzei*, d'après le nom du créateur du genre.

49. Deux boîtes à parfums, l'une carrée avec couvercle à recouvrement, l'autre en forme de perle sacrée, décorées en traits rouges sur fond noir, de motifs d'ornementation, entourant des oiseaux fantastiques.

50. Petite boîte à parfums ronde et plate, finement sertie d'étain. Laque noir, portant sur le couvercle, en laque usé, un décor d'or rouge qui représente un *Koto* (harpe japonaise) placé sous un vieux pin. Au revers du couvercle, une sauterelle en or de même travail.

51. Boîte à écritoire carrée et plate, à deux compartiments superposés. Laque noir, à décor d'or. Sur le dessus du couvercle serpente un ruisseau charriant des feuilles d'érable, avec, au travers, un grand pinceau dont le manche est formé d'une feuille d'or incrustée. Au-dessus, le croissant de la lune, en étain, et des bandes de nuages, pavés d'or. L'intérieur des compartiments et le revers de la boîte sont piqués d'or.

52. Boîte à écrire carrée à angles abattus. Le dessus est à fond noir, décoré en or et en argent, d'une biwa (guitare), et d'une sorte de flûte de Pan. L'intérieur offre, sur un fond aventuriné, un décor en laque usé, représentant dans un cours d'eau, une plante de lotus en or et gris, derrière laquelle émerge une grue d'argent.

53. Petite boîte à parfums creusée dans une petite bûche triangulaire dont on a conservé l'aspect naturel. Le dessus est décoré de deux fleurs de chrysanthème en relief, modelées en pâte blanche. Intérieur laqué rouge.

L'inscription qui se trouve au revers de la boîte explique qu'elle a été façonnée du bois d'un arbre sacré du temple de Soné, province de Harima, par un nommé SHIOKIOU.

54. Coffret-Écritoire de forme allongée, à angles arrondis, avec couvercle à recouvrement. Le décor représente, sur fond noir, un pêcher en fleurs, éclairé par la lune. Cette dernière, ainsi que les branches de l'arbre sont en placages d'étain; les fleurs et les boutons en incrustations de nacre ou en or plat. En soulevant le couvercle, on met à jour un compartiment qui contient un godet à eau en bronze, et une pierre à broyer l'encre. Un deuxième compartiment, qui est destiné à serrer le papier, forme le fond du coffret.

Signé au revers du couvercle Hôkio Kôrin.

Cet objet présente tous les caractères d'authenticité, bien que la signature semble avoir été apposée postérieurement.

55. Boîte à parfums circulaire et plate. Variété de laque sculpté. Sur un fond rouge se détache en laque blanc la figure du dieu Hotei, portant un sac au bout de son bâton. Le terrain sur lequel il est posé, ainsi que le pourtour de la boîte, où court une double bordure à la grecque, sont également en laque blanc. L'intérieur de la boîte et le revers sont rouges.

Légères défectuosités.

56. Boîte à écrire carrée, à bords rabattus en biseau. Toute la surface et les côtés sont couverts d'un fond d'or mat sur lequel de fins traits noirs dessinent un riche décor de chrysanthèmes ornemanisés, accompagnés de ses feuilles et de ses vrilles. L'intérieur est entièrement décoré d'un dessin à bâtons rompus en or mat sur fond noir. Le compte-gouttes qui se trouve à l'intérieur de la boîte figure, en émaux à champlevé, une fleur de chrysanthème. Ce chrysanthème, et tous ceux qui décorent le couvercle, sont à seize pétales, particularité exclusivement réservée aux objets façonnés pour l'empereur, pour sa famille, ou ses officiers.

57. **Boîte à parfums** plate, à angles arrondis, les bords sertis d'étain. Fond noir-écaille piqué d'or. Sur le couvercle est jetée, en or, une branche de chrysanthème fleurie.

58. **Pot à cendres** figurant un tronc de bambou. Le couvercle, entièrement plat, est muni d'un bouton d'argent, simulant également une section de bambou. Toutes les surfaces, à l'extérieur et à l'intérieur, sont en laque d'or uni, partiellement pavé d'or plus vif. La pièce est, en outre, décorée d'un vol de moineaux, exécuté avec une grande fermeté de touche.

59. **Petit plateau** de forme irrégulière. Sur fond aventuriné se développe, en laque d'or pavé, un paysage rocheux avec des temples au bord de l'eau, ombragés par de vieux arbres. La bordure du plateau est en laque sombre, sablé d'or et semé de petites fleurs de chrysanthèmes.

60. **Boîte à parfums** de forme lenticulaire, aux bords sertis d'étain. Fond rouge, finement aventuriné et, sur le dessus, un arbuste de chrysanthèmes en or mat presque plat.

61. **Petite boîte à parfums**, circulaire et plate, en laque rouge, du genre Tsuishu. Le dessus est décoré en relief brun d'une figure de l'apôtre Dharma, debout sur la tige de roseaux, et portant sur l'épaule un bâton avec le rouleau de la Loi. Autour règne une grecque deux fois répétée.

62. **Pot à cendres** de forme ovoïde, à couvercle, et doublé de cuivre. Sur fond noir-écaille poudré d'or, s'élèvent des rochers en laque d'argent pavé, où croissent des arbres, représentés en laque d'or.

63. **Boîte à écrire** en forme de raquette sertie d'étain. Laque aventuriné décoré en or et noir d'un groupe de personnages de la cour, composé d'un seigneur entouré de dames et de plusieurs enfants. Cette scène est encadrée en haut et en bas d'un motif géométrique, à fond d'or, qui est coupé

au centre par les armes de la famille des *Nambu* : deux cigognes volant affrontées. A l'intérieur, des enfants de paysans, en costumes de fête, vont allumer la meule de paille, garnie de fougères, qu'il est d'usage de brûler au jour de l'an. La boîte est garnie de son compte-goutte en argent, en forme de volant; d'une fine pierre à frotter l'encre, portant la signature du fabricant; d'un bâton d'encre de Chine dorée, en forme de raquette; enfin, d'un poinçon d'argent et de pinceaux laqués d'or.

64. **Boîte à parfums** presque carrée, avec angles arrondis. Laque d'or, offrant sur le couvercle un décor de paysage, représentant une baie. Les bords de la boîte sont entourés d'une monture d'étain.

65. **Boîte à dépêches** à angles arrondis. Fond noir, décoré, en laque d'or usé, d'un cerisier en fleurs, coupé par des brouillards.
    Atelier de Shunsho.

66. **Deux petites boîtes à parfums** en forme de fût. Sur fond argenté un quadrillé d'or, et dans chaque carré une fleur de chrysanthème stylisée, entourée d'arabesques. L'intérieur est poudré d'un fin laque d'aventurine.

67. **Boîte à écrire** oblongue à pans coupés. Le dessous ainsi que les côtés sont couverts d'un sablé d'argent et d'or d'un très ancien travail. Le dessus du couvercle a été relaqué plus tard de rouge, et incrusté de branches de camélia et de prunier en burgau. L'intérieur de la boîte, laqué d'argent, et le compte-gouttes en bronze sont demeurés dans leur état primitif.

68. **Écritoire** de forme carrée et plate, en laque noir, décoré d'un paysage or, avec détails en nacre. Un portique de temple, entouré de sapins, s'élève au bord de la mer, où l'on aperçoit des barques amarrées, des roseaux et des voiles lointaines. A l'intérieur le disque de la lune en argent, et un vol d'hirondelles au-dessus des eaux.

69. **Boîte à écrire** carrée à angles rentrés, bords en doucine. Figure du dieu Hotei, or et argent sur fond brun, sablé d'or. Intérieur aventuriné, décoré en or d'une clôture de jardin et d'arbustes fleuris.

70. **Petite boîte à dépêches**, longue et étroite, à angles abattus. Fond noir, décoré en laque d'or et d'argent de quinconces à rosaces, formées par des fleurs de cerisier, et semé des armoiries princières de Nagato, partie laquées or, partie en placages de feuilles d'or ou d'argent. Intérieur aventuriné.

71. **Plateau** en carré long à angles rentrés. Le principal décor se concentre dans l'angle inférieur de gauche. Une plage, dont le profil est figuré par une couche en relief de laque d'argent, est baignée par des flots en laque d'or. Dans l'autre partie du plateau, le bois est resté naturel, avec des veines apparentes, et sans autre décor qu'un vieux pin en laque d'or de relief. Les quatre bords du plateau sont ornés chacun d'un dragon en laque d'argent, et au revers d'une très riche et fine bordure à dessin de *bâtons rompus*.

72. **Petite boîte à parfums** simulant une tortue à longue traîne. La carapace est de laque sombre incrusté d'argent ; la queue et le corps de la bête sont d'or.

73. **Boîte** cylindrique décorée en or, avec incrustations de burgau et d'étain, d'herbes enchevêtrées, au milieu desquelles courent des torsades d'argent, simulant les méandres d'un ruisseau. Le décor se continue au revers de la boîte. Intérieur aventuriné brun.

74. **Boîte à écrire** carrée, à coins arrondis en laque aventuriné avec incrustations de burgau, et plaqué d'or et d'étain. Le décor représente un temple dans les arbres, précédé d'un pont, jeté sur une rivière. A l'intérieur, un rocher de style chinois cache à demi un grand bananier, au bord de l'eau.

75. **Pot à cendres** à couvercle, de forme octogonale. Fond noir à semis d'or, rehaussé par un pavé de pépites d'or et par des parcelles d'argent en feuille.

76. **Boîte à écrire** carrée à angles abattus. Toutes les surfaces extérieures de la boîte sont couvertes en laque usé d'un décor qui imite, en or et en divers tons de couleurs métalliques, les nervures du bois. Intérieur aventuriné.

77. **Cabinet** rectangulaire, large et peu profond, en laque brun d'écaille, et décoré en or plat d'un semis de nombreux motifs de fleurs enroulées en forme de cercles. Il se divise en dix tiroirs de différentes dimensions, garnis d'anneaux d'argent, qui sont fixés sur des plaques de cuivre émaillé. L'un des tiroirs est pourvu d'une serrure d'argent, et sur chacune des deux faces latérales pend une poignée de même métal.

Signé Shiomi Massasané.

Longueur : 0^m,60.

78. **Boîte à parfums** plate, de forme circulaire. Spécimen de laque plat, à fond noir nuagé d'or. La base est contournée par des flots agités, et sur le couvercle les oiseaux de mer, figurés en laque de tons d'or différents, volètent dans tous les sens. Intérieur aventuriné.

79. **Boîte à écrire** de forme oblongue à bords rabattus. Sur fond noir une grue d'or en relief, aux ailes déployées, pique droit sur un lac, figuré par des ondulations en laque noir mat. A l'intérieur un paysage en or, avec parties en laque usé.

80. **Grande boîte à écrire** oblongue. Sur fond noir sablé d'or, une grande branche de chrysanthèmes, richement épanouie, offre deux fleurs en laque rouge, et les autres en laque d'argent et d'or, de tons divers. Tout l'intérieur est décoré en laques d'or et d'argent d'un vaste paysage

de style Chinois. Il représente, baignés par les flots de la mer, un temple, des kiosques, de hautes montagnes et un pont, animé d'un cortège de voyageurs. Le compte-gouttes, figurant un soleil se couchant dans la mer, est de shakoudo et d'argent.

81. **Boîte à parfums** plate, représentant un écran à main, de forme échancrée. Laque d'or, décoré d'une branche de chrysanthème en or, avec incrustations d'or et d'argent ciselés.

82. **Boîte à écrire** carrée à bords arrondis. Fond noir, à décor d'or et d'argent. Un aigle est posé sur un rocher avancé, où viennent se briser les flots. Le revers du couvercle est à fond d'argent décoré en or et couleurs diverses, d'un guerrier mongol chevauchant dans la campagne.

83. **Petite étagère** représentant en réduction une toilette de dame. Elle se compose d'une caisse carrée à deux tiroirs, surmontée d'un chevalet où se pose un miroir métallique. Laque aventuriné avec décor en or, représentant des arbustes de pivoines fleuris, qui sortent d'un terrain rocheux au bord de l'eau. Ce décor est accompagné des armoiries de la famille des Tokougawa, également en or. Ferrures en cuivre doré et gravé.

84. **Boîte à parfums** plate, en forme de coquille bivalve. Laque d'or, d'argent et d'aventurine, décoré de branches de corail, et incrusté de coquillages en or ciselé, en nacre et en corail.

85. **Boîte à parfums** plate, en forme de nœud. Fond d'or, partiellement semé de paillettes et décoré en or, de feuilles d'érable et de fleurs de pivoine, avec incrustations en or et argent ciselées.

86. **Boîte à écrire** en forme d'un rectangle allongé, qui est élevé sur quatre pieds. Une large cascade, représentée en

LAQUES DU XVIIe SIÈCLE.

laque d'argent sur fond noir, tombe droit, le long d'un rocher abrupt, dans les flots tourmentés d'une rivière. Les bouillons de l'eau sont simulés par des cabochons d'or et d'argent. Dans le haut, en incrustations d'argent, des fleurs de cerisier, dont les branches sont cachées sous des zones de nuages.

<small>Le corps de la boîte est avarié à l'une de ses faces latérales.</small>

87. **Boîte à parfums** plate, à contours irréguliers. Elle figure une robe de brocard richement ornée d'or et de couleurs. Les pourtours sont en laque d'or, à dessins d'arabesques et l'intérieur est aventuriné.

88. **Deux boîtes** en forme d'un fût annelé, monté sur quatre pieds qui s'écartent par la base. C'est en réduction la boîte où les daïmios serrent leurs armures et qui porte le nom de *kayoké*. Laque aventuriné, offrant pour décor un motif régulier en laque d'or et d'argent, coupé par une armoirie quatre fois répétée. Les pieds et le bord du couvercle sont garnis de ferrures en cuivre doré et gravé.

89. **Bol couvert** en laque aventuriné, décoré d'un réseau de bâtons rompus en or mat. Le centre du couvercle présente une fleur de chrysanthème, dessinée en traits noirs dans un fond d'or. A l'intérieur des traits d'or sinueux, également sur fond aventuriné, simulent un cours d'eau.

90. **Boîte** de forme carrée et haute, à profil ovoïde. Elle porte, sur un fond richement aventuriné, un décor d'or, qui représente des cerisiers en fleurs, poussant dans un terrain rocheux au bord de l'eau.

91. **Boîte** rectangulaire haute et étroite, à bords adoucis en moulures. Fond d'or mat, semé en différents tons d'or et d'argent de fleurettes de prunier et de chrysanthèmes. Intérieur aventuriné.

92. Petite boîte à parfums rectangulaire, en forme de coussinet, simulant un paquet entouré de ces cordons de soie rouge et de ces fils d'argent qu'il est d'usage, au Japon, de nouer autour de tout présent offert aux amis ou parents. Fond d'or jaune, décoré d'herbe indienne en or vert.

93. Boîte à parfums de forme lenticulaire. Sur le dessus du couvercle, une mante religieuse en burgau est incrustée dans un fond de laque brun, qui se répète aussi à l'envers de la boîte. Les autres parties de la surface extérieure sont revêtues d'un très fin tressé de paille.

94. Pot à cendres couvert, de forme cylindrique. Laque noir, semé de fleurs de cerisier et de feuilles d'érable en or.

95. Petit cabinet rectangulaire, en hauteur, et plus profond que large. Les surfaces extérieures, en laque d'or, sont couvertes d'un zigzag de bandes et de lignes parallèles, dont les tons varient et qui ont la forme des éclairs. Sur ce fond se détachent, en laque d'or pavé, des rochers où poussent des pins. Il s'y mêle des cerisiers épanouis, dont les fleurs sont rapportées en argent très finement ciselé. La porte se soulève au moyen d'un bouton d'argent en forme de fleur de cerisier, et l'intérieur est garni de quatre petits compartiments superposés, dont chacun offre un décor différent, qui couvre les quatre faces du pourtour. Ces décors représentent, sur des fonds d'or de tons alternés, soit des branches de pêchers fleuries, des feuilles d'érable sur un ruisseau, des sachets reliés par un cordon, ou enfin des canards dans l'eau.

Hauteur : 0^m,06. — Largeur : 0^m,4 1/2. — Profondeur : 0^m,06.

96. Boîte circulaire et plate. Laque à fond noir piqueté d'or. Le plat du couvercle est décoré en or d'un prunier fleuri, dont les branches sont disposées en rond. Au milieu se tiennent deux petits oiseaux. L'intérieur est sablé d'une aventurine très fine.

97. **Petite boîte à parfums** en forme de fruit. Elle est ornée de rayures, alternativement en laque d'argent et d'or vert, qui partent de la tige, qui est en corail blanc. Un feuillage d'or en relief court sur la partie supérieure de la boîte.

<small>Légère égrenure au bord.</small>

98. **Boîte à parfums** plate, rectangulaire en laque d'or. Le dessus du couvercle est décoré en différents tons d'or d'une branche d'érable.

99. **Boîte** rectangulaire à trois compartiments superposés. Le décor, qui représente les monts Yoshi, figure sur les côtés et sur le plat du couvercle une succession de collines en laque d'or pavé, de tons différents, toutes plantées de cerisiers fleuris. Chaque fleur est formée par une incrustation de petites parcelles d'argent ou d'or, tantôt rouge ou jaune. Un petit plateau à l'intérieur, qui est aventuriné.

<small>Hauteur : 0^m,07. — Largeur : 0^m,06.</small>

100. **Boîte à jetons** rectangulaire, pour le jeu des parfums. Fond noir, où se détachent en or de divers tons, avec parties aventurinées, des branches de cerisiers fleuries et des ornements héraldiques. L'intérieur de la boîte est divisé en six compartiments remplis de petits jetons en bois naturel, ornés chacun d'une fleur en laque d'or.

101. **Pot** cylindrique à couvercle, pour mettre le thé en poudre. Fond brun avec un décor d'or, qui représente des rochers où se brisent les vagues et, au-dessus, de nombreux vols d'oiseaux. Intérieur aventuriné.

102. **Plateau** rond, en laque peint, à relief, *Zonsei*. Sur fond brunâtre, un motif polychrome représente un faisan posé sur un rocher d'où sortent des pivoines épanouies. Style chinois.

103. **Boîte à parfums** plate, en forme d'éventail. La partie qui simule la feuille de l'éventail est en laque d'argent avec un décor de paysage noir, imitant une peinture à l'encre de Chine. Les baguettes sont d'or, et les autres parties de la boîte à fond noir aventuriné. La fleur de chrysanthème à seize pétales (armoirie impériale) orne l'intérieur, au revers du couvercle et dans le fond de la boîte.

104. **Boîte** carrée haute, à angles rentrés. Elle est divisée en trois compartiments superposés. Laque d'or mat, relevé, par endroits, d'un fin sablé de points brillants. Le décor représente de longues branches de fougères qui courent autour de la boîte, et en couvrent le dessus.

105. **Boîte à parfums** circulaire, plate au centre et s'abaissant en biseau vers les bords. Fond noir décoré sur le couvercle d'un semis de fleurs de chrysanthèmes en laque rouge.

105 *bis*. **Boîte** de « Jeu de parfums », en forme de losange. Elle est supportée par six pieds échancrés à la chinoise, qui reposent en travers sur un socle quadrangulaire à tiroirs, décoré lui-même de quinconces d'or sur fond noir. La boîte est à fond d'or plein, décoré de deux paysages et se divise en deux carrés, dont l'un représente un monastère, tandis que l'autre a pour principal motif un pêcher fleuri. A l'intérieur, on trouve un compartiment mobile, garni de sept petites boîtes carrées, à fond d'or, décorée chacune d'un petit motif de paysage.

106. **Cabinet** de forme presque carrée à porte pleine. Les panneaux extérieurs présentent la couleur brune naturelle du bois simplement poli, laissant ses veines apparentes. Ils s'encadrent d'une moulure en doucine, couverte de laque aventurine. Les ferrures et les charnières sont en bronze gravé, et portent en émaux de différentes couleurs des armoiries sous forme de la fleur de paulownia. L'intérieur, entièrement laqué d'un fond noir, est garni de dix-sept tiroirs, irrégulièrement disposés. Les anneaux de cuivre qui servent à

les tirer sont retenus par de petites plaques en émaux de couleurs, qui représentent la fleur de paulownia.

Hauteur : 0^m,29. — Largeur : 0^m,26.

107. Boîte de forme ovale en hauteur, à trois compartiments. Fond noir à décor de paysage en or. Une cascade, figurée en laque d'argent, coule dans le creux d'un rocher où scintillent des pavés d'or.

Légères égrenures.

108. Boîte à parfums plate, rectangulaire, à bords abattus. Laque d'or, portant sur le dessus un bouquet de fleurs en or, avec incrustations de corail, d'or et d'argent ciselés.

109. Pot à cendres, figurant une petite potiche couverte, en laque noir décoré en or, d'un motif d'ornement, six fois répété, qui représente un fruit avec sa tige, enserré dans un cercle. L'intérieur est doublé de cuivre doré.

110. Petite boîte de forme carrée en hauteur, à trois compartiments superposés. Elle est en laque noir, décorée sur toutes ses faces extérieures d'un dessin à bâtons rompus, partie en laque d'or, dont le ton discret contraste avec les autres parties du dessin, qui sont obtenues par une incrustation de lanières d'or dans la couche du laque. Le compartiment inférieur est doublé de métal.

111. Boîte à parfums plate, imitant deux livres superposés. Laque d'or, décoré de branches de pivoine, avec incrustations de nacre, d'or et d'argent ciselés.

112. Petit cabinet en forme d'un carré long, à angles arrondis, avec poignées d'argent. Sur un riche fond de laque aventuriné sont jetés, en or, des coiffures de nobles, des instruments de musique, des parasols, des dévidoirs et des ustensiles divers. En ouvrant la porte, à charnières et serrure d'argent, on trouve son revers, richement piqué d'or et décoré en or mat, d'une souris grimpant sur un maillet

L'intérieur du petit meuble est garni de deux tiroirs en laque aventuriné, avec des fleurs de cerisier et des feuilles d'érables en or, flottant sur l'eau.

113. **Boîte à parfums** plate, en forme de coquille bivalve. Laques d'or, d'argent et d'aventurine, décorés d'une guirlande de feuillages en nacre, corail, or et argent.

114. **Petite boîte** ovoïde à six pans coupés, recouverts de fins tressés de paille, encadrés par des parties de laque noir.

115. **Boîte à parfums** plate, rectangulaire, en forme de sachet. Laque aventuriné, pailleté d'or, et semé de branches de cerisier fleuries, avec incrustations d'or et d'argent ciselés, de burgau et de corail.

116. **Pot à thé** cylindrique en laque noir, décorée en or, avec parties de burgau. Scène du vieux roman *Ghenji Monogatari* : Une dame noble se tient sur une terrasse, qui domine un jardin où s'avance un jeune seigneur. Un second motif, qui est isolé du précédent par une ligne en zigzag, présente un fouillis de hautes herbes où voltigent des insectes.

Légère avarie.

117. **Boîte à parfums**, figurant un koto (harpe japonaise). Sur un frottis d'or et d'argent, imitant les nervures du bois, les cordes, les moulures et les ornements sont représentés en or mat. Les côtés offrent un décor de motifs réguliers en laque d'or et d'argent.

118. **Boîte** à corps ovoïde et couvercle plat, en laque d'or. Le dessus est décoré, en or, d'un oiseau à longue queue, s'élevant dans les airs, avec une brindille fleurie dans son bec. Plus bas une autre petite branche de fleurs. Intérieur laqué noir.

119. **Petite boîte à parfums**, représentant un éventail déployé, en laque d'or. La feuille de l'éventail est semée de fleurs de cerisier en or, finement pavé.

120. **Deux boîtes à miroir** en laque aventuriné, décorées soit de fleurs, soit d'un paysage.

121. **Boîte à thé** cylindrique, à fond d'or mat, portant, en or et en couleurs, un décor de chrysanthèmes, au milieu duquel serpente un ruisseau. L'intérieur et le dessous de la boîte sont très finement nuagés d'or.

122. **Petite boîte rectangulaire**, avec couvercle à recouvrement. Elle représente un jeu de gô. Le laque est à fond sombre avec, sur les côtés longs, un décor qui imite les veines du bois. Deux branches de cerisier épanouies, en laque d'or, ornent le dessus et les côtés du couvercle. L'objet est garni à l'intérieur de trois petites boîtes en forme de fruit, laquées d'argent, avec feuilles d'or et queue en corail.

Égrenure au bord.

123. **Boîte à miroir**, de forme plate et circulaire. Elle est décorée sur fond noir, d'un dessin régulier, coupé par les armoiries de la famille seigneuriale Daté.

124. **Deux boîtes à parfums** plates et rondes en laque noir et or.

L'une d'elles est avariée par une fente.

125. **Boîte à parfums** plate et circulaire, dont toutes les surfaces extérieures et intérieures sont revêtues d'une incrustation de burgau à dessin de cubes. Le plat du couvercle est décoré par dessus ce fond, et en relief, d'un tronc de prunier, également en burgau, dont les fleurs sont de corail.

126. **Boîte à parfums** lenticulaire, couverte, à l'extérieur, d'une incrustation de burgau, à dessin de rosaces. Le couvercle est en outre orné d'une tige de fleurs en même matière.

127. **Deux boîtes à parfums** de forme circulaire, à couvercle bombé en laque noir, à décors d'or.

128. **Panneau** rectangulaire, en bois naturel aux veines accusées, et décoré, en laque d'or à forts reliefs, d'une plante de roseau, autour de laquelle s'enlace une plante grimpante.

LAQUES DU XVIIIe SIÈCLE

129. **Petite écritoire** ovale; sa forme est plate, très légèrement bombée. Sur fond noir un décor d'or mat figure des tiges d'aconit aux feuilles persillées, dont les extrémités terminales sont laquées rouge.

130. **Boîte à parfums** plate et rectangulaire. Fond noir, décoré, en laque d'or, usé, du mont Fouji, coupé par des bandes de nuages. L'intérieur de la boîte est piqué d'or.
Signée : HARUMASSA.

131. **Pot à thé** cylindrique, en laque rouge sculpté, à motif de pivoines épanouies.

132. **Boîte à parfums** plate et rectangulaire, avec couvercle à recouvrement. Laque noir décoré en or, d'une haie derrière laquelle s'élève un bambou, où se sont accrochés des liserons en fleur.

133. **Petite boîte à parfums** en laque d'or de forme cylindrique, avec couvercle plat, décoré d'une chimère. Le pourtour est orné d'un dessin à bâtons rompus.

134. **Boîte à parfums** en laque d'or de forme plate, à pans coupés. Elle est décorée de rinceaux figurant des branches de chrysanthèmes stylisées, avec quelques-unes de leurs fleurs.

135. **Écritoire** de forme carrée et plate en laque noir, décoré d'or, avec parties de nacre. Chemin à travers les roseaux. Au loin des montagnes derrière lesquelles émerge la lune.

136. **Petite boîte** rectangulaire à fond d'aventurine. Sur le plat du couvercle est appliquée une chimère en argent.

137. **Deux petites boîtes** tubulaires à fond d'aventurine. Le plat du couvercle est orné en laque d'or des armes de Tokougawa, irrégulièrement semées.

138. **Petite boîte** à dépêches, à angles arrondis, à fond noir poudré d'or, et décoré d'un cerisier fleuri. Les branchages sont d'or, les pétales en laque d'argent et les feuilles naissantes teintées de rouge. Le tout est coupé par des nuages en or pavé. L'intérieur est aventuriné nuageux. Les boutons d'argent qui retiennent les anneaux sont gravés aux papillons de la famille d'Inaba Ikéda.

139. **Boîte à parfums**, circulaire, très aplatie. Deux canards mandarins dans les roseaux sont laqués d'or sur un fond noir sablé, qui couvre aussi le revers et les bords intérieurs de la boîte. En dedans les parties centrales sont décorées, haut et bas, d'herbes fleuries et de roseaux en or, sur fond aventuriné.

140. **Petite boîte**, représentant un fruit ayant la forme de la poire. Il est finement aventuriné sur fond sombre et garni de feuilles et de fleurs en or mat.

141. **Deux pièces** en laque noir à décor d'or. Motifs de sapins et de bambous.
    a, boîte à outils rectangulaire.
    b, pot à cendres, avec couvercle de métal, formant grillage.

142. **Boîte à dépêches** à angles arrondis, à fond d'aventurine extérieur et intérieur. Le dehors est décoré de branches de pin en or, mélangées à des fleurs de cerisier or ou argent. Les boutons d'argent qui retiennent les anneaux figurent deux fleurs de cerisier superposées.

  Largeur : 0^m,50. — Profondeur : 0^m,27.

143. **Porte-sabre** à fond noir, décoré, en or, d'un semis de branches de sapin mêlées à la fleur impériale du paulownia.

144. **Tabouret pliant** en laque à fond noir, décoré en or de lianes fleuries. Les extrémités des barreaux sont garnies de cuivre gravé.

145. **Très petite boîte à parfums** en laque d'or, représentant deux pêches attachées à leur tige. L'extrémité des deux fruits se dégrade en rouge.

146. **Pot à thé** cylindrique à couvercle. Extérieur laqué de brun-écaille. Tout l'intérieur est décoré d'un fouillis d'herbes.

    Légère égrenure au bord.

147. **Petite boîte à parfums** sphérique. Fond noir avec un décor d'or en forme de quinconces, et une armoirie au centre.

148. **Boîte à parfums** ronde et plate, légèrement bombée. Laque noir, sur lequel se détache en or le vol d'une libellule et d'un papillon. Une grande fleur de chrysanthème est modelée et sculptée en laque rouge sur le côté de la boîte. Elle contourne la tranche, et prolonge ses pétales jusqu'au revers, où les extrémités d'une seconde fleur de chrysanthème, figurées par une incrustation d'ivoire, apparaissent sous la première.

    Légère défectuosité.

149. **Boîte** oblongue, avec couvercle à recouvrement et plateau intérieur. Sur fond aventuriné un décor de laque d'or représente des bords de rivières boisés, avec la clôture d'une habitation.

150. **Trois petits socles** plats, formés de petits blocs de bois massif, dont les contours sont laqués d'or.

151. **Boîte** figurant deux carrés mordant l'un sur l'autre, dont l'un est à fond d'or vert avec un des rinceaux de pivoine stylisée, et l'autre à fond d'aventurine, dont le décor représente un ruisseau, coulant à travers les herbes. Un dessin ornemental en laque d'or et d'argent couvre le pourtour. A l'intérieur s'adapte un plateau qui présente, sur fond aventuriné, des plantes fleuries poussant derrière une clôture de jardin.

152. **Petite boîte à parfums,** en forme de feuille d'éventail. Le décor extérieur, en pâte polychromée, représente sur un fond de terreau brun, une branche de pivoine en relief, au feuillage vert et à fleur et bouton blancs. Intérieur finement aventuriné.

Signée : Horikoshi Massatsumi.

Pièce reproduite dans l'*Art japonais*, par L. Gonse, tome II, p. 207.

153. **Boîte à parfums,** de forme lenticulaire. Même décor que la boîte précédente et par le même artiste.

154. **Boîte à parfums,** de forme lenticulaire en laque de couleurs *Zonseï.* Sur un fond rouge à dessin géométrique en or, se détache une tige de camélias laquée, les feuilles en vert et les fleurs en rouge, avec des incisions à la pointe.

155. **Boîte à parfums,** figurant une grue. Laqué d'or à plusieurs tons, avec une tache rouge sur le dessus de la tête. Intérieur aventuriné.

Restauration au bec.

156. **Petit pot** pour conserver le thé en poudre, en forme de carré arrondi. Variété des laques Tsuishu. Laque vert sur chaque face, avec un motif floral en laque rouge, encadré d'un losange de même couleur. Le couvercle est en émail cloisonné à fond bleu et à décor de pivoines.

LAQUES DU XVIIIe SIÈCLE

157. Boîte à parfums plate, de forme circulaire, en laque rouge sculpté, genre Tsuishu. Le motif représente une branche de lys à grande fleur double, mélangée à des herbes fleuries. Sur le bord extérieur court une grecque deux fois répétée.
(Collection Marquis).

158. Petit meuble carré à angles arrondis. En retirant la partie extérieure, formant recouvrement et qui offre sur deux de ses faces un ornement découpé à jour, on découvre deux rangées de chacune cinq compartiments superposés. Toutes les surfaces qui sont en laque rouge poudré d'or, sont décorées d'herbes fleuries, en or et argent de divers tons. Des libellules, des papillons, des sauterelles se distinguent, et d'autres insectes, dont les élytres sont en burgau.

159. Boîte à parfums de forme lenticulaire en laque rouge sculpté, appelé Tsuishu. Le motif extérieur se compose d'un plant de fraisiers sauvages. L'intérieur, en laque noir, est décoré d'un tracé à la pointe, dont les sillons sont dorés. Ce dessin représente deux dragons qui se menacent, et des flots d'une forme conventionnelle.
Signée : Yomo.

160. Boîte à écrire carrée à coins arrondis. Le fond noir est décoré en or et rouge, d'un grand tambour qui sert dans les fêtes de Kagoura ou de Nô. La forme de ce tambour reproduit celle de la perle sacrée et toute l'ornementation est de style bouddhique. L'instrument est à demi caché par la tenture de fête, qui entoure l'estrade des musiciens et des danseurs dans ces représentations mystiques. Au revers deux jeunes danseurs, coiffés d'éventails sur les tempes, se détachent en laque de couleurs sur un fond d'or uni, portant des poésies en caractères cursifs. Le compte-gouttes, en bronze doré, représente une branche de bambou sur de la neige.

LAQUES DU XVIIIᵉ SIÈCLE.

161. Boîte mignonnette, de forme carrée avec couvercle à recouvrement. Laque d'or, décoré d'un motif géométrique et coupé au milieu par une zone noire, portant de petites fleurs de cerisier en or.

162. Boîte à parfums en laque d'or, simulant une tortue, dont la carapace forme couvercle.

Légère restauration au couvercle.

163. Cabinet-étagère en laque noir, orné d'un décor qui imite les veines du bois, par des lignes d'or ondulées et des poudres d'or ou d'argent se dégradant. Sur ce fond sont jetées des branches fleuries de plantes diverses. La garniture est d'argent, avec charnières en forme de papillons. Deux divisions de ce petit meuble sont occupées chacune par un tiroir à plateau, et contiennent les ustensiles employés dans le *Jeu des parfums* : Damier en laque d'or, une écritoire accompagnée de ses accessoires, neuf petits outils d'argent, plusieurs boîtes de laque, deux récipients en métal, un grand nombre de petits jetons en bois laqué, etc., etc.

Hauteur : 0ᵐ,28.

164. Boîte de cantine, de forme carrée, à angles arrondis. Elle se compose de trois compartiments superposés à fond noir, décoré en or, d'un semis de pommes de pins et d'aiguilles. Des grues au revers du couvercle.

165. Boîte à parfums plate, de forme hexagonale. Sur le couvercle pendent des branches de glycine de différents tons d'or en laque usé, sur fond noir finement sablé d'or. Le revers de la boîte et l'intérieur sont aventurinés.

166. Deux boîtes cylindriques à trois compartiments superposés. Le compartiment inférieur est doublé de cuivre doré. Toutes deux sont en laque noir avec décors d'or; l'un représente des cerisiers en fleurs, et l'autre un dessin d'ornements, coupé par des armoiries, inscrites dans des cercles.

LAQUES DU XVIIIe SIÈCLE.

167. Pot à thé cylindrique à fond d'or, décoré en laque d'or usé, partiellement rehaussé par des reliefs. Un gros érable sortant du terrain qui décore la partie inférieure de la boîte étend ses ramures jusque par-dessus le couvercle. L'intérieur présente, sur fond aventuriné, un vol d'hirondelles au-dessus des eaux.

168. Boîte à parfums de forme lenticulaire en laque d'or. Le dessus du couvercle est décoré d'un écran à main et d'une branche de camélias épanouie, en or et rouge.
(Collection Marquis).

169. Petit cabinet d'écaille, dont les faces extérieures et le devant des tiroirs sont semés de fleurs de cerisier en laque d'or et d'argent. Fermoir, charnières et poignées sont d'argent.

170. Attribut bouddhique en forme de sceptre en laque brun. L'objet est sculpté sur la face et aux revers d'un motif ornemental régulier, cerné de petits filets rouges.
Variété de laque appelée *gouri*.

171. Boîte haute et carrée à angles arrondis, le couvercle légèrement bombé. Elle se divise en deux compartiments superposés. Le compartiment inférieur est pourvu de deux anneaux d'argent fixés aux parois par de petites plaques d'argent rondes, figurant des chrysanthèmes. Le décor de la boîte représente, en laque d'or usé sur fond noir, finement sablé d'or, un semis de chrysanthèmes et un ruisseau qui serpente à travers les herbes. L'intérieur est piqué d'or.

172. Petit cabinet d'écaille, décoré, en or, d'herbes fleuries et de chrysanthèmes épanouis. L'intérieur est garni de trois tiroirs, dont les frontons portent des fleurs de chrysanthèmes. Fermoir, charnières et poignées d'argent.

173. Écritoire en forme de carré long à angles abattus.
Branche de chrysanthèmes en fleurs, laquée d'or, sur fond aventuriné.

174. Boîte carrée, avec couvercle plat, formant recouvrement, les bords adoucis en doucine. Sur un fond délicatement nuagé d'or se trouvent représentés, en laque d'argent et d'or pavé, le dieu Hotei, marchant son bâton à la main, et précédé de deux enfants qui s'égayent de leurs jouets.

175. Boîte plate rectangulaire en laque aventuriné, décorée d'un semis de branches de pin et d'une grue en laque d'or.

176. Boîte à écritoire plate, de forme carrée à coins arrondis. Fond aventuriné, décoré d'une branche de chrysanthème fleurie, en or.

177. Petite boîte carrée, plate, en laque d'or, supportée par quatre pieds et représentant un jeu de gô (damier Japonais). Au pourtour, un décor de fleurs en or et couleurs.

Restauration à l'un des pieds.

178. Boîte à parfums en laque d'or, de forme lenticulaire, le couvercle décoré d'une branche de chrysanthème épanouie. Intérieur richement aventuriné.

179. Boîte à parfums en forme de kaki (fruit japonais). Fond rouge, finement sablé d'or, avec la tige et les feuilles du fruit en or à relief.

180. Boîte à dépêches, rectangulaire, à fond d'aventurine, décoré d'un ruisseau coulant entre des rochers, de branches de chrysanthèmes et d'un vol de grues. Plateau à l'intérieur. Elle est aux armes de la famille shogounale des Minamoto.

Longueur : 0^m,40.

LAQUES DU XVIIIe SIÈCLE

181. **Boîte à dépêches**, à angles arrondis, à fond d'aventurine, extérieur et intérieur. Le dessus et les côtés sont décorés en deux tons d'or de gros bambous couverts de neige.

182. **Boîte à dépêches**, à angles arrondis. Sur un fond d'or, qui imite les fibres du bois, sont jetés irrégulièrement des cônes figurant, avec leurs inscriptions, les pièces d'un jeu d'échec japonais. Ils sont en relief, en différents tons d'or ou en placages d'argent. Intérieur aventurine.

   Pièce endommagée.

183. **Boîte à écrire** carrée plate, à angles arrondis. Laque noir à décor d'or, d'argent et d'aventurine. Deux oiseaux sont posés sur un rocher où croissent des chrysanthèmes et des fougères. Ce motif se détache sur un fond de décor géométrique. Dans l'intérieur, un vieux sapin et une plante ornementale s'élèvent devant une barrière de jardin.

184. **Boîte à écrire** carrée, à angles abattus en biseau. Fond noir à décor en laque usé. Arbuste de roses trémières épanouies, protégé par une balustrade de bambou sur laquelle se posent deux oiseaux. L'intérieur est aventuriné et porte en laque d'or un motif de plantes, entourant le tronc d'arbre évidé qui sert de récipient d'eau dans les jardins japonais.
   Signée : KWANSHOSAÏ.

185. **Boîte à écrire** carrée, à angles abattus. Le dessus du couvercle, à fond noir, est décoré d'une boîte à dépêches en laque d'or, dont la cordelière rouge retient en même temps une branche de chrysanthèmes. Ces fleurs sont en laque d'argent; les feuillages en gris, à nervures d'or. L'intérieur est orné sur fond aventuriné d'accessoires servant aux danses sacrées : un éventail et des grelots en or, avec des banderoles en laque de différentes couleurs.

186. **Deux panneaux de porte** à fond rouge pailleté d'or, décoré chacun d'une chimère en laque d'or de relief. Ils sont encastrés dans des cadres en bois naturel.

> Longueur : 0ᵐ,47.

187. **Boîte** haute, de forme rectangulaire, à fond noir, décoré en laque d'or avec parties aventurinées, d'arbustes fleuris et de sapins. L'intérieur est divisé en deux compartiments qui contiennent deux cents cartes, dont cent sont ornées des portraits des cent poètes illustres, tandis que chacune des autres cartes porte un vers célèbre de chaque poète.

> Hauteur : 0ᵐ,15.

188. **Onze boîtes** de formes et décors variés en laque sculpté de tons rouges ou bruns.

189. **Deux boîtes à parfums** de forme circulaire, en laque peint ou gravé. Genre ZONZEI.

190. **Petite boîte à parfums** plate, en forme d'une feuille d'éventail. Laque d'or, décoré en noir d'un paysage, imitant la peinture à l'encre de Chine.

> Signée : TÔSHI.

> Égrenure au bord du couvercle.

191. **Boîte à parfums** plate en carré long. Le dessus est décoré, en laque d'or, d'un éventail, d'une boîte à médecine et d'une poche à tabac, le tout sur un fond sablé d'or finement. Les faces latérales sont à fond d'or avec un dessin de *bâtons rompus*.

192. **Boîte à parfums** en forme de coquillage bivalve. L'extérieur est en laque d'argent avec quelques hachures d'or et un semis de cubes d'or incrustés. Intérieur richement aventuriné.

193. Boîte figurant un petit tonnelet, entouré de cerceaux tressés. L'intérieur et le dessous sont entièrement piqués d'or dans un fond de laque noir.

194. Boîte en laque d'or, de forme carrée longue, à deux compartiments superposés. Le dessus du couvercle est décoré, en tons d'or différents, d'une branche de pivoine épanouie.

195. Petit tabouret d'étagère carré, en laque rouge sculpté, à quatre pieds élevés sur plateau. Le décor représente des pins sortant de rochers, des pruniers en fleurs et des roseaux.

196. Coupe à saké rouge couverte sur les deux faces d'un décor de branches de sapin, en or.

197. Boîte à parfums carrée et plate en laque d'or. Vol de deux grues au-dessus d'un remous de vagues, qui laissent émerger des roseaux et deux roues hydrauliques.

198. Boîte à parfums plate, de forme rectangulaire, à fond d'aventurine, qui est décoré d'une branche de cerisier, dont les fleurs sont rendues en or ciselé.

199. Sept petites boîtes et une coupe à piédouche.

200. Trois plateaux ronds en laque *Gouri* et un quatrième en laque *Tsuishu* à décor de pivoine.

201. Boîte à parfums plate, rectangulaire dont le couvercle est à recouvrement. Laque noir, avec décor d'or, représentant, sur un terrain accidenté, des chaumières ombragées par des cerisiers en fleurs.

202. Trois boîtes en laque rouge sculpté de la Chine. Le couvercle offre des motifs de fruits, dont les feuillages sont teintés de vert.

LAQUES DU COMMENCEMENT DU XIXe SIÈCLE

203. **Écritoire** de forme rectangulaire, reposant sur quatre pieds. Sur fond aventuriné se détache en laque d'or incrusté de nacre, un vieux prunier fleuri.

LAQUES DU COMMENCEMENT DU XIXe SIÈCLE

203 *bis*. **Cabinet** de forme carrée à porte pleine, mobile. Les surfaces extérieures et le revers de la porte sont en laque d'aventurine nuagé. L'intérieur du meuble est laqué noir. Il est garni de 35 tiroirs qui s'enlèvent au moyen de petites plaques en cuivre argenté, en forme d'oiseaux dont l'avant-corps, monté sur charnière, donne prise aux doigts. Une poignée de cuivre pend à chacune des deux faces latérales.

Hauteur : 0^m,50, profondeur 0^m,25.

204. **Boîte à parfums**, plate et carrée, dont le couvercle est à recouvrement. Laque brun, imitant la couleur du bois avec nervures en noir. Le décor, qui est d'or, représente une troupe de grues au milieu des roseaux.

Légère fente à l'un des angles.

205. **Boîte** haute et carrée à angles arrondis. Elle se compose de trois compartiments superposés et d'un couvercle plat. Sur fond aventuriné s'enlèvent des tiges de fleurs en or. Le compartiment du fond est doublé de cuivre doré.

206. **Sept coupes à saké** fond rouge à décors variés.

207. **Boîte à parfums** plate, en forme de nœud. Laque d'or, décoré de branches et d'oiseaux, avec incrustation de nacre.

208. **Grande coupe à saké** en laque d'or, décorée en relief d'un aigle s'abattant sur un rocher, où viennent se briser les vagues de la mer.

Légère ébréchure au bord.

209. **Boîte à parfums** de forme circulaire. Le couvercle, tout plat, est à fond d'or et porte un masque de danseur et un grelot posés sur une robe tissée à motifs de pins. Le pourtour de la boîte est en laque noir, semé de feuilles d'aconit en tons d'or variés. L'intérieur est piqué d'or dans un fond noir.

210. **Petite boîte** plate, en forme de rognon. Laque d'or à motif de paysage.

211. **Petit vase** à col étiré en cuivre laqué noir-roux et mat. Il est décoré, en laque d'or, d'une frise et de bordures à palmettes, de façon à donner l'illusion d'un fer damasquiné.
Signé : Bounriusaï.

Pièce reproduite dans l'*Art japonais*, par L. Gonse, tome II page 207.

212. **Petite boîte à parfums** plate, à coins arrondis. Le dessus porte, sur fond noir piqué d'or, un décor en or, argent et couleurs. Motif de trois jeunes chiens, se disputant un éventail. Le tour de la boîte est à fond d'or mat.

213. **Boîte carrée** aux coins arrondis. Fond noir avec un décor en laque d'or, représentant des bambous en partie masqués par les nuages.

214. **Jeu de trois coupes à saké** rouges, décorées en laque or, argent et noir, de sujets à personnages d'après Korin, comme le constate l'inscription qui figure à l'intérieur de chaque coupe.

Au revers la signature du laqueur : Jitokusaï Giokuzan.

215. **Petit pot à fleurs** tripode en laque d'or, décoré d'un cerisier épanoui, dont les fleurs brillent d'un or plus vif que le fond. Le bord est orné d'un motif à damier, et l'intérieur est en laque noir sablé d'or.

Réparation à l'un des pieds.

LAQUES DU COMMENCEMENT DU XIX⁰ SIÈCLE.   51

216. **Petit panneau**, probablement un *ex-voto*, en bois naturel dont les veines sont apparentes. Il est décoré en or et en couleurs d'un seigneur assis, devant lequel un autre personnage se tient agenouillé.

Signé : Santoan Keisui.

217. **Boîte à parfums**, formée d'une coquille bivalve naturelle, teintée rouge. La face extérieure est décorée en laque d'or, et représente le bord de la mer avec une barque où se prélasse un personnage. Intérieur aventuriné avec un petit décor d'or.

Pièce légèrement endommagée.

218. **Coupe à saké** en laque rouge. A l'intérieur une grande pivoine épanouie, modelée en relief d'argent. Les feuillages sont laqués d'or.

Signée : Jokwasai.

Une fente au bord.

219. **Deux coupes à saké** fond rouge, finement décoré de paysages avec chaumières où travaillent les hommes des champs.

Signées : Jokwasai.

220. **Panneau d'applique**, formé d'une planche très vieille, de forme irrégulière et criblée de cavités comme une éponge. C'est peut-être un de ces morceaux de bois qui ont séjourné dans la mer pendant des siècles, et où des coquillages s'étaient incrustés. Ce bois est orné d'un motif modelé en haut-relief de pâte laquée, qui se compose d'une langouste rouge posée sur une feuille verte, et flanquée de deux moitiés de kaki (sorte d'orange), l'une rouge et l'autre verte.

Cachet de burgau portant en laque d'or le nom de Joshin.

221. **Boîte à couvercle** formant recouvrement, en forme de carré allongé. Fond laqué brun décoré, en or usé, d'une divinité bouddhique agenouillée sur un nuage. Cette boîte, d'aspect

archaïque, mais de fabrication moderne, est la reproduction fidèle d'une pièce qui fait partie du trésor du temple Todaïji à Nara, et dont l'origine remonte au viie siècle. Les défectuosités que l'objet présente ont été produites artificiellement pour rendre exactement l'état actuel de l'original.

222. **Deux petites tasses** de forme carrée et évasée. Fond noir à décor d'or et de rouge. Sur chacune des quatre faces un motif de paysage ou de fruit entouré de fleurs ou d'ornements en forme de nuages.

223. **Boîte** plate de forme carrée à angles arrondis. Le dessus du couvercle est à fond d'or, décoré en or et couleurs, avec incrustations d'ivoire. Le motif représente le dieu Hotei assis dans un chariot à côté duquel se tient un enfant. Les côtés et l'intérieur de la boîte sont aventurinés.

224. **Cinq petits plateaux** rectangulaires en laque noir décorés d'or.

225. **Cinq petites boîtes** en laque, genres variés.

INRO[1]

INRO DU XVIᵉ SIÈCLE

226. Inrô à quatre cases, en bois veiné, légèrement laqué de noir. Il porte pour décor trois médaillons en relief laqués or qui offrent des paysages, avec incrustations d'argent et de corail. Style archaïque et robuste.
Coulant en fer niellé.

227. — à quatre cases, en laque noir frotté de rouge et poudré d'or, avec rehauts de burgau par plaques. Le sujet, modelé en bas-relief, représente des seigneurs abrités par un pin, sur terrain rocheux.

228. — sans divisions, en laque brun avec détails en laque d'or et application de bronze repoussé. Le décor, en bas-relief, figure un dragon au milieu des nuages.

---

[1]. Les Inrô sont de petites boîtes à compartiments qui se portent suspendues à la ceinture. C'étaient dans l'origine des boîtes à sceaux, mais qui ont servi par la suite à renfermer la médecine que le Japonais portait toujours sur lui.

INRO DU XVIIᵉ SIÈCLE

229. Inrô à quatre cases, en laque d'or, avec parties en laque d'argent et pavé de petits cubes de nacre. Un groupe compact de guerriers à cheval paraît se disposer à l'attaque. Au revers, c'est un bateau où se dresse dans une pose de défi un guerrier noble, son arc planté debout devant lui.

Coulant en forme de masque et netsuké en bois, représentant des champignons.

230. — à quatre cases, en laque plat. Fond or uni, sur lequel se détache, en laque de couleurs, un décor qui représente les sept sages réfugiés dans la forêt de bambous. L'épisode est traité en caricature.

Cachet : SHIOMI MASSASANÉ.

231. — à cinq cases, en laque d'or. Il est décoré d'un cerf et de deux biches en étain, formant saillie, qui broutent dans les roseaux.

Signature : HOKIO KÔRIN (authenticité contestable).

232. — à trois cases, par Kôrin. Laque d'or, avec portions d'étain et de burgau, formant saillie. Un cerf se lèche le bas de la patte, au clair de la lune, et, au revers, c'est un érable qui étend ses branches jusque sur le dessus de la boîte. L'intérieur est en laque d'or.

Signature : SEISEI KÔRIN.

233. — à quatre cases, en laque noir usé, décoré en or et en argent de la carte du Japon.

Cachet : SHIOMI MASSASANÉ.

234. Inrô à quatre cases, en laque saupoudré d'or. Le décor, à
léger relief, et de plusieurs couleurs, représente un jeune
garçon endormi, le coude appuyé sur la tête d'un bœuf
qui, lui-même, est couché.
Cachet : Shiomi Massasané.

235. — à quatre cases, en laque noir, décoré en or usé très fin,
d'une chaumière, au pied d'un arbre dénudé, au bord
d'un marais. Au revers, une bécasse pousse son vol au-
dessus d'un cours d'eau vers des collines qui ferment
l'horizon.
Cachet : Shiomi Massasané.
Coulant d'argent en forme de coquille.

236. — à quatre cases, en laque noir, décoré en or, avec rehauts
d'étain, de bronze et de nacre. Comme sujet, une baraque
amarrée au-dessus de laquelle voltige une hirondelle, et
sur l'autre face des blocs rocheux, d'où sort un sapin.
Signé : Mon Yassutshika.

237. — à quatre cases, en laque noir, décoré en or usé. Sur une
route, coupée dans le flanc d'une montagne à pic, che-
mine une longue file de bûcherons, dont les fagots et
quelques têtes émergent seuls derrière un pli de terrain.
Cachet : Shiomi Massasané.
Légères égrénures.

238. — à deux cases, à fond noir, décoré en laque d'argent
poudré, de flots qui se superposent.
L'objet porte en laque d'or le nom de Kôma Kiuï Yas-
sutsugou et une attestation d'authenticité signée par un
successeur de l'artiste : Yassuaki Kiûhako.

239. — en laiton, piriforme, portant pour décor des caractères
chinois en vigoureux relief.

INRO DU XVIIᵉ SIÈCLE.

240. Inrô à trois cases, en laque d'or, incrusté de nacre et d'étain. Hotei, dieu du contentement, est vu de face, son bâton à la main et le dos chargé d'un sac. Au revers, un décor de bambou.
Signature (fausse) : Hokio Kôrin.

241. — à quatre cases, en laque noir avec décor d'or pavé. D'un côté, on voit Yébisu, patron des pêcheurs, accroupi, ayant un gros poisson à ses côtés, et sur l'autre face, un enfant qui se démène joyeusement, des jouets à la main.
Netsuké en cristal de roche.

242. — de forme rectangulaire, à quatre cases. Une de ses faces offre sur fond rouge un motif en laque d'or, représentant deux mariniers, vus de dos, tirant sur des cordes, et dans l'attitude de hâler un bateau. Au-dessus un vol de trois oies sauvages en laque noir. Le revers représente, en reliefs vigoureux et richement laqués d'or pavé, une cascade qui se déverse dans le creux d'un rocher où se distinguent quelques branches de pin.
Netsuké d'ivoire, représentant le masque d'un homme du peuple.
Pièce reproduite dans l'*Art Japonais*, par L. Gonse, tome II, p. 207.

243. — à quatre cases, en laque rouge, décoré d'un arbre à gros tronc en or pavé, au pied duquel grouille une compacte traînée de fourmis noires, qui se prolonge au revers de la boîte.
Coulant d'ivoire, figurant un enfant qui grimpe le long du cordon; netsuké formé d'un bouton côtelé, en verre bleu.

244. — à quatre cases, en laque d'or, incrusté de petits pavés de burgau. Il est décoré de deux frises, où des personnages légendaires, abrités par les arbres, s'occupent à peindre, à lire ou à jouer.

245. — à quatre cases, en laque finement aventuriné, et décoré en or pavé des attributs du dieu de la richesse.
Signé : Kajikawa.

246. Inrô à deux cases, en laque brun, incrusté d'un côté d'un grand poisson en nacre et de baies en corail, et portant sur l'autre face une branche, dont les feuilles sont en laque d'or et les fleurs en nacre.

247. — à fond d'or mat, orné d'un très fin motif de rinceaux courant sur le fond. Il est de plus orné d'un semis de feuilles d'éventails superposées, offrant des dessins variés, qui sont exprimés en or avec incrustation partielle de burgau.

248. — en laque noir, décoré d'or. Le sujet représente un coin de forêt de sapins.
Signé : SHIÔMI MASSASANÉ.
Une des faces légèrement endommagée.

249. — en laque poudré, laissant en réserve un semis d'armoiries appartenant à différentes familles, et exécutées en noir, or et rouge.

250. — à une seule case, de forme bombée en laque d'or. Il est décoré, dans un ton d'or plus rouge, d'un bûcheron assis à côté de ses fagots.

251. — de petite dimension, offrant sur les deux faces de petits rochers au bord de l'eau, où s'ébattent des oies. Ces motifs sont exécutés en or avec parties de burgau, au milieu d'un encadrement en laque aventuriné.

252. — en laque d'or mat, sur lequel tranchent vivement en laque noir, quatre oies au vol, mêlées à d'autres oies qui sont indiquées en or. Le fond du décor représente les vagues de la mer en or de relief, baignant une plage en or plat. Le revers présente le même fond, mais au lieu d'oiseaux, il est décoré d'un bosquet de pins, poussant sur la plage. Ils sont d'or avec incrustations de burgau.

253. Inrô de forme tubulaire, à cinq cases, dont chacune est munie de deux anneaux d'argent pour donner passage au cordon de suspension. Le fond aventuriné est orné, autour de chaque compartiment, d'une frise à rinceaux en or mat.

254. — à trois cases en laque noir, incrusté de burgau, d'étain et de fines lanières d'or. Le décor représente une chaumière et, placée devant elle, une table, supportant une coiffure de grand seigneur. Sur l'autre face, la chute d'une cascade le long des rochers et un grand vase à saké.

255. — dont la forme imite un faisceau de fagots en laque noir, d'argent et d'or. Quelques tiges de pruniers en fleurs, exécutées en laque d'or, sortent par endroits des branches mortes.
Netsuké d'ivoire, représentant un tronçon de bambou où rampe un escargot.

256. — de forme basse, à deux cases. Laque rouge, partiellement recouvert d'un fond d'or pailleté, laissant en réserve des taches qui rendent un effet tigré. Dans le haut de l'une et de l'autre face, un masque de diable se modèle en laque d'argent. Le bas est décoré d'un terrain rocheux, d'où sortent des branches, dont les fleurs sont faites de nacre, de corail ou d'ivoire.
Netsuké en bois colorié.

257. — en laque aventuriné, décoré en laque d'or usé, de l'épisode des sept lettrés chinois devisant dans la forêt de bambous.
Signé : Shiômi Massasané.

258. — de forme plate, en laque aventuriné. Il est décoré, en laque d'or et de couleur, d'un motif de l'école de Tosa, qui représente un cheval rétif, retenu par deux hommes.
Signé : Kôma Kiuhakou.

259. — à quatre cases, à fond de laque noir, sur lequel se modèlent en relief des fleurs et feuilles de chrysanthèmes laquées, avec des incrustations de burgau en mosaïque.

260. Inrô à cinq cases, en laque noir. Un cerf, en incrustation d'étain, passe derrière un gros tronc de sapin brun. L'intérieur est en laque d'or mat.
Sur le revers se trouve écrit en lettres d'or : D'après le dessin de Naonobou, et la signature, creusée à la pointe, porte : Kiukokou.

261. — de petite dimension, à une seule case, en laque d'or mat, richement pavé de cubes d'or bruni. Il porte la fleur de chrysanthème à seize pétales semée, en or de relief, sur les deux faces, et sur le dessus du couvercle on voit en outre la fleur de paulownia, toutes deux armoiries impériales.

262. — en laque de fond noir, presque totalement couvert par un décor d'or en deux tons alternés, qui représente une épaisse forêt de pins.

263. — de forme basse, à une seule case, en laque brun-rouge. Il porte, en reliefs de laque de couleur avec rehauts d'or et de nacre, un motif de poissons entremêlés. Au revers des feuillages.
Signé : Yosei.

264. — en laque poudré d'or sur fond noir, et portant, en or de différents tons, un décor délicat de roseaux.

265. — à trois cases, en laque brun, décoré sur les deux faces d'une troupe de cigognes, exécutées en laque d'or et d'argent, en étain et en burgau.

266. — à trois cases, de forme lenticulaire, en laque noir. Le fond est couvert en laque plat, d'un motif de rinceaux de pivoine en or mat. Par-dessus se trouve un décor d'algues en laque d'or à relief, avec une incrustation de petits coquillages naturels ou de corail.

267. Inrô à quatre cases, en laque d'or, décoré au naturel de deux gros rats.
   Signé : Shiômi Massasané.

268. — à trois cases, en laque noir. Un cheval en laque rouge, sculpté en saillie, boit dans une cuve de laque d'or. Sur l'autre face est incrusté en nacre un cheval qui se roule, les quatre pieds en l'air.
   Signé : Yôsei.
   Netsuké, plus moderne, en forme de bouton d'ivoire ajouré, où un cheval de nacre gambade sous des cerisiers en fleurs.

269. — à quatre cases, à fond noir, décoré en or d'une forêt de sapins, derrière laquelle se voit en laque d'argent le disque lunaire.

270. — à quatre cases, à fond noir, décoré en or avec partie de burgau, d'un semis d'éventail éployés.
   Petite égrénure.

271. — à cinq cases, à fond noir, décoré en or de branches de chrysanthèmes largement épanouis.

272. Quatre inrô à une seule case, portant des décors variés, en laque de couleur ou en or, avec incrustations de burgau.

273. Deux inrô à trois cases, en laque rouge. L'un est décoré d'un tigre près des bambous, et l'autre porte le sujet d'un personnage jouant à la balle.

274. Trois inrô à quatre cases, en laque pailleté d'or, portant des décors variés en or ou en laque de couleurs.

275. Deux inrô à trois cases, décorés en or avec incrustations de nacre, des flots de la mer, où se voient, soit des voiles lointaines, soit deux gros bateaux chargés de fagots.

276. Deux Inrô à quatre cases, en laque brun, couleur d'é-
caille. L'un représente un temple chinois au bord de la
mer, et l'autre porte un semis de chrysanthèmes sur un
fond de bâtons rompus.

277. Deux inro à quatre cases, avec décors d'or sur fond sablé.
Sur l'un on voit une branche d'arbre, où se tient un singe,
et l'autre est orné d'un treillis de courges avec applications
de nacre.
 Le premier est avarié à la case inférieure.

278. Cinq inrô variés.

279. Inrô à trois cases, à fond d'or, incrusté en burgau d'une
corbeille nattée, contenant un bouquet de fleurs, dont le
décor en or fait retour sur fond de la boîte.
 Signé : KAJIVAWA.

280. — à quatre cases, en écaille, gravée d'un sujet de personnages
chinois dans la campagne. Il est accompagné d'un netsuké
d'ivoire en forme de gourde.

281. — à trois cases, en laque aventuriné, et décoré sur les deux
faces, en or pavé, d'une plante qui rappelle le persil. Les
bords et le pourtour des casiers intérieurs sont en laque d'or.
 Signé : KOMA KIUHAKOU.

INRO DU XVIIIe SIÈCLE

282. — à fond noir, finement poudré, portant un décor d'or de
cerisiers fleuris.
 Signé : KOMA SADAYEI.

283. — d'une seule case. Sur un fond de bois, dont les stries sont
très marquées, un pigeon en burgau est posé sur une
grosse branche de grenadier; cette dernière en laque
rouge, brun et or, et un fruit rehaussé de burgau.
 Signé : KOMA.

INRÔ DU XVIIIᵉ SIÈCLE.

284. Inrô à trois cases, en laque noir, avec intérieur laqué d'or. Il est décoré de trois cadenas, irrégulièrement jetés, l'un en étain, l'autre en or, et le troisième en or avec plaque de burgau.

285. — à trois cases, en laque recouvert de brisures de coquille d'œuf. Intérieur en laque d'or et rouge.

Coulant en or ciselé. Netsuké en cristal de roche, représentant une pêche.

286. — quadrangulaire à trois cases, figurant un cachet formé d'un lingot d'argent, sur lequel sont imprimés en relief des caractères anciens. Le ton de laque est celui du métal, à l'intérieur comme au dehors. Le cordon de suspension passe dans quatre petits anneaux d'argent, fixés au corps de la boîte par de petites plaques de burgau.

Par Ritsuô. *Signé* : Kwan, et daté de Kiôho II (1726).

Coulant d'argent. Netsuké en laque argenté, par Zeshin.

Pièce reproduite dans l'*Art japonais*, par Louis Gonse; dessin de H. Guérard. Tome II, p. 203.

287. — à quatre cases, du genre de laque appelé *Noshidé* (peau de poire). Fin poudré d'or sur fond noir. Le décor est d'or, et consiste en trois de ces morceaux de papier pliés, qui servent habituellement à accompagner les cadeaux chez les grands seigneurs.

Signé : Tsunékawa.

288. — à trois cases, en laque d'or, de l'école de Kôrin, et décoré avec des rehauts de nacre et d'étain. Le dieu des lettrés caresse le dos de son cerf familier, au pied d'un pêcher en fleurs, dont les branches abritent au revers un groupe de trois grues.

Signature (fausse) : Hokio Kôrin.

289. — à quatre cases, en laque noir, finement poudré d'argent pour imiter des flocons de neige. Il est en outre décoré, en or de relief, d'un gros vieux cerisier, dont les branches fleuries s'étendent sur les deux faces. Intérieur laqué d'or.

Signé : Yamada Ito.

290. Inrô à trois cases, à fond noir et décor en laque usé, or et couleurs. Des voiles argentées émergent de la brume, tandis qu'un soleil rouge, en partie caché par des nuages d'or, éclaire la surface de l'eau.

Signé : Sékigawa.

291. — en laque d'or, divisé en cinq cases, qui forment en y comprenant le couvercle, six frises variées, tranchant entre elles par les différents tons de l'or et le traitement varié des fonds. Ceux-ci sont, soit d'or plat ou d'or pavé, soit aventuriné ou jaspé. Chaque frise est en outre ornée en reliefs d'or et de couleurs, face et revers, de deux des douze animaux qui représentent le cycle des douze mois : Souris, taureau, tigre, lapin, dragon, serpent, cheval, bélier, singe, coq, chien et sanglier.

Sur le haut du couvercle, en relief d'or, la fleur de chrysanthème et le caractère de longévité.

Signé : Shoritsusaï Tatsuyé.

292. — à trois cases, en laque d'or à l'extérieur et à l'intérieur. Il est décoré en noir, de façon à imiter une peinture à l'encre de Chine. Le sujet représente sur chaque face une grande crevette, nageant au milieu des herbes.

293. — à quatre cases, en laque d'or, avec rehauts de couleur et incrustation de faïence. Il est décoré sur les deux faces d'un fruit à cosse, ou gousse, appelé Foutshiki.

Signé : Kuhô.

294. — à quatre cases, en laque noir. Un martin-pêcheur, en nacre très irisée, est posé sur une brindelle de bambou en laque d'or, au-dessus d'un ruisseau ; au revers, d'autres bambous, également en laque d'or.

Signé : Kajikawa.

295. — à trois cases, en laque d'or pointillé. Des incrustations de nacre et d'étain représentent, dans la manière conventionnelle inventée par Kôrin, des oiseaux voltigeant au milieu de troncs noueux.

Signature (fausse) : Seisei Kôrin.

296. Inrô à quatre cases, en laque d'or à l'intérieur comme au dehors. Le décor est en reliefs de laque d'or et de couleurs avec portions d'étain et de burgau. Le sujet représente une figure de danseur et, au revers, une danse de singe.
La pièce porte un cachet qui n'a pu être déchiffré.

297. — à trois cases, décoré, sur fond brun, en laque usé d'or et de couleur. Un coq est sur le point de se précipiter sur l'image d'un autre coq peint sur un paravent.
Signé : KAJIKAWA HIDÉTAKA.

298. — à cinq cases, à fond noir, portant en laque d'or une troupe de dix grues dans les roseaux.
Signé : YAMADA SHITO.

299. — à cinq cases, à fond noir, richement laqué d'or sur chaque face d'une cascade. D'un côté on voit une carpe, qui cherche à la remonter et de l'autre elle descend le flot perpendiculaire. (C'est au Japon l'emblème de la force unie à l'énergie persévérante.)

300. — à sept cases. Laque noir, décoré en or de relief, d'une compagnie de dix singes, cueillant des fruits aux arbres qui poussent dans un paysage rocheux au bord de l'eau.
Signé : KAJIKAWA.

301. — à quatre cases en laque noir, décoré en or et couleurs, avec portions de burgau, d'un papillon et de diverses pièces de monnaie.
En dessous une petite plaque de faïence porte le cachet de *Ritsuô*, qui est contestable. En tous cas l'objet ne serait qu'une œuvre très modeste du maître.

302. — en laque d'or, avec incrustation de nacre et de corail. D'un côté le dragon, s'élançant à travers les nuages, et de l'autre la tortue sacrée, qui porte sur son dos, devenu ro-

cher, la grue entourée de tous les attributs de longévité et de bonheur.

Signé : Shôritsusaï.

303. Inrô en laque noir, décoré en or, avec incrustation de burgau, d'une cigale, posée sur le tronc d'un bambou. D'autres bambous au revers.

304. — en laque à fond noir, où cinq tortues en laque d'or de relief, avec des têtes fantastiques et de longues queues, nagent dans les eaux, qui sont indiquées par des traînées d'or frotté.

Signé : Kôma Yassutada.

305. — en bois brun veiné, contenant un compartiment mobile qui, à son tour, renferme quatre petites boîtes à couvercle. Les deux panneaux extérieurs portent chacun un motif laqué. D'un côté la mort, représentée partie en burgau, avec crâne d'argent, et armée de deux sabres, cherche à dégainer. Sur l'autre face, en laque noir et rouge, plaquée de nacre, une terrifiante tête de fantôme.

Coulant de bronze et netsuké en bois laqué.

306. — en laque noir, décoré d'or. Des tiges de chrysanthèmes, largement épanouies, sortent de petits rochers de jardin, qu'arrose un ruisselet.

Signé : Shôriusaï.

307. — à quatre cases, en laque frotté. Sur fond noir poudré, des branches de chrysanthème en or, largement épanouies, avec leurs feuilles.

Légèrement endommagé.

308. — à cinq cases, en laque d'or à l'intérieur comme à l'extérieur. Le décor développe un vaste paysage, avec des chaumières sous les pins et des cerisiers en fleurs sur le bord de l'eau, de hautes montagnes fermant l'horizon. Toutes les cinq cases sont doublées d'argent.

309. Inrô à quatre casés, en laque noir, décoré en or frotté, de deux voiles, qui s'enfoncent dans la mer brumeuse. Au premier plan émergent les cîmes d'un bois de sapin.
Signé : Kôma Shinriu.

310. — de forme basse, en laque noir, décoré en or et rouge d'un dragon dans les flots écumants.

311. — en bois sculpté, de forme tubulaire sans divisions. Le décor se compose de fruits et de fleurs enchevêtrés, pris dans la masse. Le plat supérieur est incrusté d'une libellule en burgau et corail.

312. — de forme arrondie, à fond noir, décoré en laque d'or et de couleur, d'une troupe de treize chevaux en liberté.

313. — en laque d'or, dont les divisions, au nombre de quatre, forment des renflements, qui leur donnent l'aspect d'autant de gros bourrelets. Le fond d'or mat est entièrement pavé de parcelles d'or vif, interrompu seulement par un semis de la fleur de chrysanthème à seize pétales. C'est celle qui forme l'armoirie impériale du Japon. L'intérieur est richement aventuriné rouge.
Signé : Kajikawa, précédé du titre Kwanko (artiste attaché à un prince).

314. — de forme plate, en laque noir semé d'or, avec un décor en laque d'argent et d'or. Le motif, deux fois répété, ressemble à une pieuvre. Les montants des cases intérieures sont en laque d'or.
Signé : Kôma Yassutada.

315. — en laque noir, décoré, en or et en couleur, d'une touffe serrée d'herbes et de fleurs sauvages.
Signé : Shuï.

316. — composé d'une gaine, dont le fond noir est décoré, en laque d'or et de couleur, de nombreuses touffes de fleurs

sauvages. Cette gaine renferme une boîte à trois compartiments, également en laque noir, mais décoré, en or seulement, de plantes analogues.

Signé : Tòyô.

Coulant de métal, représentant le dieu du Contentement, et pour netsuké une tortue en bois. *Signé :* Ossawa Issen.

317. Inrô de forme plate et carrée, en laque aventuriné, pailleté d'or. Sur ce fond se détachent, très grandes, des fleurs de cerisier en laque d'or saillant, largement épanouies. Les feuilles et les tiges sont en incrustations de burgau.

Signé : Jokasaï.

Pièce reproduite dans l'*Art japonais*, par L. Gonse, tome II, p. 207.

318. — en laque noir, décoré, en relief très saillant, d'un arbuste de mauve. Il est exécuté au moyen de laque d'or très vigoureux, de parties de nacre et d'étain. Au revers un grand vol d'oiseaux en plaquages d'or.

319. — en laque noir, portant pour décor un paysage en burgau incrusté à plat. L'intérieur de la boîte est entièrement en laque d'or.

320. — de petite dimension, à quatre cases, en laque d'argent. Il porte en relief, sur ses deux faces, des branches de grenadier chargées de fruits, avec incrustations de corail et d'ivoire.

321. — à fond noir, avec ornement en laque d'or usé, courant sur le fond. Il est semé de huit motifs variés, d'apparence héraldique, dont le principal représente un cartouche à fond rouge, portant un lapin. Les autres motifs sont de tons divers, avec portions de burgau.

322. — en laque noir, décoré d'un semis de grandes libellules, partie en laque rouge et partie en laque d'or.

323. — large et très plat, en laque aventuriné sur fond noir. Le décor, en relief de couleur, représente des canards dans l'eau, où poussent des plantes à larges feuilles et des roseaux en fleurs.

324. Inrô en laque noir, décoré en or de relief, avec portions de burgau et incrustations d'argent et d'or ciselé. Le dieu des lettrés repose, le bras appuyé sur un cheval, qui est couché à ses côtés. Sur l'autre face un dragon dans les nuages.

325. — en forme de tube octogonal bombé. Sur un fond en laque noir piqué d'or, s'enlève un décor en or de relief, qui représente des grues et des tortues sacrées sous des arbres de pin et des bambous. Les petits côtés de la boîte, haut et bas, sont laqués d'or plein.
Coulant ciselé.

326. — en laque d'or mat, semé de fines paillettes. Le décor représente la mer, où navigue, dans un bateau de forme étrange, un Philosophe chinois. Sur l'autre face, un batelier, debout dans sa barque.
Signé : Kôma.

327. — en laque aventuriné, décoré, de collines où poussent des cerisiers en fleurs. La chute d'une cascade est exprimée en laque d'argent et les fleurs dont l'usure a fait disparaître un certain nombre sont en incrustations d'argent.

328. — en laque de fond noir, pailleté et décoré d'or. Au milieu d'un paysage montagneux et boisé, et sur un sol jonché de feuilles de paulownia, se trouve posée une hotte à bretelles comme en portent les pèlerins. Les montants des cases intérieures sont enrichis de guirlandes de feuillages aux tons d'or alternés, avec incrustations de burgau.

329. — en laque noir décoré d'or. Une plage, ombragée par de hauts sapins et animée de personnages. L'un d'eux allume un réchaud placé sous un abri de paille; d'autres vont puiser de l'eau à la mer où des pêcheurs dans une barque plongent leurs filets.

330. Inrô en laque d'or, décoré en or pavé, de différents tons. Chimères gambadant au milieu de rochers, plantés de pivoines en fleurs.

331. — de petite dimension en laque poudré où s'enlève, en reliefs de laque d'or et d'argent, un semis d'insectes de différentes espèces.
   Signé : Youtokusaï.

332. — de forme plate, à une seule case, en bois dur, laqué de couleurs et d'or. D'un côté une langouste est couchée sur une fougère, et au revers se trouvent des feuilles et une branche de pins.
   Signé : Tôshu. Netsuké en bois.

333. — en laque noir, finement poudré d'or, offrant en or, parties frottées, parties en relief, une plage avec deux chaumières sous les arbres, et au revers une vue de la mer, estompée par la brume.
   Signé : Jôkasaï.

334. — en laque rouge ciselé, appelé Tsuishu. Sur un fond de petits losanges à fleurons, le caractère chinois de longévité *Jiu* en burgau se trouve incrusté, face et revers.
   Netsuké de même matière, et coulant en cristal.

335. — de forme plate en fer, portant un semis d'armoiries circulaires en or. L'intérieur est en cuivre doré.

336. — en laque d'or, décoré de jeunes pins, mêlés à des bambous. L'intérieur est richement piqué d'or sur fond noir.

337. — en laque d'or, décoré d'arbustes touffus de chrysanthèmes épanouis, au milieu desquels circule un ruisselet. L'intérieur est entièrement laqué d'or pailleté.

338. — en ivoire, laqué d'or, sur les deux faces, d'un cheval en liberté.
   Signé : Hôgan Tansen.

339. Inrô de forme tubulaire, en porcelaine, faite à l'imitation des faïences hollandaises. Deux médaillons, réservés dans un fond bleu de roi, sont chargés de paysages, où l'on distingue des personnages hollandais. L'objet est monté en *shibuitshi* avec cuivre doré.
Netsuké en laque rouge ciselé.

340. — en bois sculpté, représentant une tortue, la tête presque cachée sous la carapace.

341. — en bois sculpté, décoré d'un oiseau de Hô et d'une licorne, couchée sous un paulownia.

342. — en argent ciselé d'un décor de vagues, où d'un côté nage un dragon, et de l'autre flotte une cloche de temple.

343. — en fer, incrusté de deux plaques cloisonnées d'émaux translucides sur or, à décor de fleurs. L'ornementation se complète par un semis de petits motifs en or de divers tons. La doublure est d'argent.

344. — en fer ciselé et incrusté d'or. Le décor représente des châteaux forts sur la montagne et des habitations au bord de l'eau, traversée par un pont. Sur l'autre face une baie avec un village et des collines au fond.

345. — en laiton, avec incrustations d'or et d'argent. La lune, à moitié cachée par les nuages, éclaire un terrain planté de roseaux, où se tapit un lapin.

346. — en laiton, de forme plate à deux cases, avec incrustations de shibuitshi, d'argent et d'or. Un oiseau passe au clair de la lune au-dessus des eaux.
Signé : Seizui.

347. — d'ivoire sculpté à relief, de forme plate. Sur un fond rugueux, teinté de noir se détache à la face et au revers un dragon émergeant des eaux. Laqué d'or à l'intérieur.

348. Inrô d'ivoire sculpté à demi-relief. La partie extérieure est décorée, sur les deux faces, d'un fond de bâtons rompus, dont le dessin évoque l'idée des éclairs. Un dragon émergeant des flots, apparaît au milieu d'un tourbillon de nuages. A l'intérieur se trouvent des cases mobiles dont le plat supérieur seul est d'ivoire ; les autres parties sont en laque noir. Le plat inférieur est laqué d'or et porte, gravée à la pointe, la signature :

Légère écornure au bord intérieur du couvercle.

349. — d'ivoire sculpté à demi-relief, portant pour décor, sur les deux faces, un dragon enveloppé de nuages, au-dessus des eaux.

350. — en laque à fond d'or vert, avec décor de palmiers en laque d'or jaune. Il est accompagné d'un coulant en métal finement ciselé.

351. — à quatre cases, en laque rouge, nuagé d'aventurine. Le fond est semé, en reliefs vigoureux, des différents accessoires qui symbolisent les quatre classes de la société japonaise : Le carquois pour le guerrier, la houe et le chapeau de paille pour le paysan, l'équerre et le dévidoir pour les ouvriers, et des barres d'argent pour le marchand.

Une inscription qui se trouve au bas, explique qu'un ouvrier du Shôgoun, nommé BOUNRIUSAÏ (XVIIIe siècle) fabriqua cette pièce d'après un travail exécuté autrefois par le laqueur *Dôho* pour le palais shogounal Higashiyama (XVe siècle).

352. — en bois naturel, dont la forme imite celle d'une pochette à tabac en cuir. Il s'ouvre au moyen d'une charnière, et contient cinq tiroirs, qui vont se rétrécissant vers le haut. A l'extérieur un décor d'or, représentant un vol d'oiseaux au-dessus des flots, se détache sur le ton brun du bois.

353. Inrô à quatre cases, en laque noir, décoré d'or et de burgau avec quelques reliefs en laque rouge. Une hotte de pèlerin, très finement ornée, est posée à terre, sur des plantes de marais, d'où s'échappe une vigne à longues vrilles. Une serpette et un sachet, fermé par des cordons, sont éparpillés sur le sol.
Signé : Kajikawa.
Coulant en métal, formé de deux masques.

354. — en bois de merisier, orné de sculptures en bas-relief. Sur chacune des deux faces on voit dans une fenêtre, sur laquelle retombent des draperies, un personnage chinois lisant avec assiduité. Tous deux très pauvres, ils s'apprirent, selon la légende, à lire pendant la nuit, l'un à la réverbération de la neige, et l'autre à la lumière des vers luisants, qui venaient se poser sur les pages.
Signé : Kadzutomo.

355. Deux inrô à fond noir, décorés en or d'arbustes de chrysanthèmes fleuris.
Signés : Kajikawa.

356. Inrô à quatre cases en laque d'or, décoré des douze animaux du Zodiaque s'ébattant en liberté au milieu d'un paysage vallonné, boisé et traversé par un ruisseau.
Signé : Jôkasaï

357. — à trois cases, de forme plate, à angles abattus. Le décor, en laque usé, représente la carte de l'archipel japonais, entouré des flots de la mer.
Signé : Tôyô.

358. — à quatre cases, dont le pourtour est en laque de couleur ou d'or alternés. Comme décor, un semis de fleurs de chrysanthèmes au milieu de pailletés ou de piquetés d'or, avec partie d'argent.
Signé : Sékigawa.

359. Inrô à quatre cases, décoré en laque plat sur fond poudré, de trois grands éventails éployés, qui portent des dessins de paysages.
Signé : YASSUNOBOU.

360. — à trois cases, à fond noir, décoré en or d'un vol d'oies sauvages au-dessus d'une rizière immergée.
Signé : INAGAWA.

361. — à quatre cases, à fond noir, décoré en laque d'or pavé avec parties en feuilles d'or, de larges feuillages de bambou. Le pourtour intérieur des cases est entièrement laqué d'or.
Signé : KÔMA YASSUTADA.

362. — se composant d'une gaine en laque noir, décoré en or, d'une vague déferlante. A l'intérieur se trouve la boîte à compartiments, qui est de carton verni.
Signé : KENSAÏ.

363. Onze inrô à fond noir ou aventuriné, décorés de motifs variés en laque d'or.

364. Quatre inrô en bois naturel. Deux portent des reliefs en laque d'or et de couleur, le troisième est finement incrusté en burgau d'un paysage de style chinois, et le dernier offre un semis de motifs variés, en argent et en métaux mixtes.

365. Deux inrô variés. L'un en os avec netsuké de même matière, et l'autre, également accompagné d'un netsuké en os, est en laque rouge, gravé de fleurs de pivoines et incrusté de caractères chinois en burgau.

366. Cinq inrô en laque sculpté partie « Tsuishu » partie « Gouri ».

367. Inrô à trois cases, en ivoire sculpté en bas-relief de dragons, qui s'enroulent dans les nuages, au-dessus des eaux.

368. Inrô à trois cases en laque argenté, décoré, en or et en noir, de trois chevaux en liberté, au pied d'un saule pleureur.

D'après l'inscription y apposée en laque d'or, cet objet a été fait par le laqueur Hirosei Nagaharu d'après la commande du seigneur Yoshida Kasei.

369 — peu bombé, en laque noir, décoré d'un groupe de coqs en or avec crêtes rouges, sur un terrain qui est exprimé par un pailleté d'or. L'intérieur est entièrement en laque d'or pailleté.

Coulant en filigrane de vermeil.

370 — plat et large, en laque d'or. Sur le disque de la lune, très grand, passe un vol de corbeaux en reliefs de laque noir. Les montants intérieurs sont également en laque d'or.

371. — à quatre cases, en laque aventuriné richement pailleté d'or. Le décor, en or vif, rehaussé de rouge, représente le dragon des orages traversant la nue, qui est simulée par des dépressions ondulées dans la surface de la boîte.

Signé : Jôkasaï.

371 *bis*. — à cases mobiles en argent, qui sont renfermées dans une gaine, composée de métaux divers. L'une des faces est en fer gravé d'un décor de vagues, éclairées par le croissant de la lune, découpé à jour. L'autre face est en shibuitshi, avec un médaillon doré, à ciselures de fleurs.

Cachet : Yassutshika.

372. Inrô en laque finement aventuriné, portant un décor d'or et de burgau, qui représente des palissades et des kiosques de construction légère.

Signé : Jôkasaï.

372 *bis*. — en laque noir, avec décor d'or sur fond poudré. Les branches fleuries d'un vieux cerisier, coupées par des bandes de nuage, et éclairées par le croissant lunaire.

Signé : Kôma Sadasaki.

INRO DU COMMENCEMENT DU XIXᵉ SIÈCLE

373. Inrô à trois cases, en laque brun, imitant le fer. Décor de chimère et de pivoines. Chaque case est pourvue de deux petits anneaux d'argent pour laisser passer le cordon.

Coulant en bronze incrusté, représentant une courge.

373 bis. — à quatre cases, en laque d'or pavé, portant en or de relief et en couleurs, le groupe des six plus célèbres poètes.

Signé : KWANSHÔSAÏ.

Coulant en vermeil.

Pièce reproduite dans l'*Art japonais*, par L. GONSE, tome II, p. 207.

374. — à quatre cases, en laque d'or, décoré en couleurs d'un groupe de six personnages, dont les têtes et les mains sont d'ivoire en relief. Ce groupe représente les six plus célèbres poètes du Japon, parmi lesquels une femme : Komatshi, vue ici en costume de cour, le visage caché derrière un éventail.

Signé : SHÔKÔSAÏ.

375. — à trois cases, en laque d'or, décoré en reliefs de laque d'argent, d'or et de couleurs. Un cheval-jouet, richement harnaché, est fixé sur un socle à roue. Sur l'autre face, le maillet du dieu de la richesse Daïkokou et son sac de riz, sur lequel est posée une souris.

Signé : SHÔKÔSAÏ.

Coulant en cloisonné.

376. — à trois cases, en laque d'or, décoré en incrustations de nacre, d'ivoire teinté, corail, etc. Des papillons, des libellules, des sauterelles.

Signé : BAKUSHIUHAN TSHIÔHEI.

376 bis. Inrô en laque brun, dont les grandes surfaces imitent les reliefs de la sparterie. Un léger décor d'or représente une sorte de cage quadrangulaire en bambou.

Signé : KWANSHÔSAÏ.

377. Inrô à quatre cases, en laque aventuriné. L'effet mat qui a été obtenu sur la face, forme opposition avec le revers de la boîte, plus brillant. Un pigeon en nacre est posé sur une branche de prunier, dont les fleurs éclatent en or vif.

Signé : KWANSHÔSAÏ.

Coulant en noix sculptée. Netsuké formé d'une défense de sanglier, très finement gravée d'une plume et d'une poésie. *Signé :* GANYEI.

378. — à quatre cases, en laque noir, portant en rehauts, également noirs, un semis de chrysanthèmes épanouis, mêlé à des caractères chinois.

Légère ébréchure à l'un des bords.

379. — en laque d'or, décoré de trois motifs de fleurs, disposés chacun en forme de cercle.

Signé : SENRIU TSHUYOU.

380. — à trois cases, en bois très léger, affectant le profil d'un vase à saké. La majeure partie offre l'aspect naturel du bois. Sur le dessus le liquide débordant est figuré en laque d'or ; le col est aventuriné, et des motifs de fleurs de paulownia avec incrustation de burgau ornent le corps de la pièce.

Signé : KIKAWASAÏ TOSHU.

381. — de forme plate, en laque frotté, d'un côté à fond d'or et de l'autre à fond d'argent. Le premier est décoré de nuages noirs, imitant la peinture à l'encre de Chine, au travers desquels apparaît le dragon céleste en or avec linéaments noirs. Sur le fond d'argent, représentant la nuit, se détache en noir un prunier noueux en pleine floraison.

Signé : INABA.

Légères égrenures.

382. — de forme assez plate, à fond d'or, représentant en laque frotté, or et couleurs, l'épisode des sept lettrés chinois dans la forêt de bambous.

383. Inrô en laque noir, ne portant d'autre décor que quelques légères traînées d'or frotté, simulant en sens oblique, la pluie qui tombe, et tout au bas de l'autre face, un escargot, dont le corps est d'or et la coquille de corne.

384. — en bois léger, strié verticalement. Il est décoré en or et couleurs, d'un groupe de cigognes, dressées sur leurs pattes.
   Signé : Kômio, d'après un dessin de Yeisen Tenshin.

385. — en laque décoré noir sur noir. C'est le mont Fouji et le disque lunaire; quelques roseaux partent du bas et portent des gouttes de rosée, simulées par de minuscules points d'or. Un léger lavis d'or rouge exprime des nuages qui enveloppent la base de la montagne.
   Signé : Shômosaï Massamitsu.

386. — à fond noir décoré, en laque d'or usé, de gerbes de roseaux fleuris, au milieu desquels éclatent des lucioles en incrustation de burgau de couleurs brillantes.
   Signé : Kwanshôsaï « d'après le dessin de Hôguen Yeisen ».

387. — en bois clair de deux tons, marqueté d'un dessin de damier; le décor, qui est en or de relief, représente un tigre au repos sous les bambous. En faisant glisser dans ses rainures l'un des côtés on trouve cinq petits tiroirs, qui garnissent l'intérieur.

388. — de forme rectangulaire, en laque noir, qu'on ouvre en faisant glisser deux de ses planchettes. Il est décoré en or d'une barque à voiles, passant dans la baie d'Icé. La perspective est fermée par des montagnes boisées, qui ont à leur pied un château fort. Au revers des coquillages sur des algues.
   Signé : Kwana.

389. Inrô de forme plate, en laque d'or, portant sur chaque face un cheval richement harnaché, avec des rehauts de couleurs et des pavés d'or.
Signé : Dokoïtsu Kiuhô.

390. — en bois de Kaki, veiné de brun et de noir, sans décor. En faisant glisser un des côtés dans ses rainures on met à découvert trois petits tiroirs, qui garnissent les compartiments.

391. — à une seule case, en ivoire uni. Le décor, gravé à la pointe et noirci, représente les huit paysages célèbres du lac d'Omi, surmontés de trois poésies. Au revers, le poète Narihira suivi de son serviteur, s'apprête à traverser la rivière Tamagawa.
Netsuké de mêmes matière et travail.

392. — en ivoire, sculpté en creux. Un jeune noble, accompagné d'un officier et d'un page, regarde en souriant un homme du peuple et un jeune garçon, qui arrachent de terre de jeunes sapins.
Signé : Meikeisaï Norisané.

393. — en ivoire sculpté à demi-relief, avec le fond teinté de noir. Les sept lettrés chinois, réfugiés dans la forêt de bambous, sont représentés, d'une façon humoristique, se livrant aux plaisirs de la danse.
Pièce gravée à la pointe sèche, par Félix Buhot.

394. — à une seule case, en laque noir, imitant une tablette d'encre de Chine, qui serait ébréchée, à moitié usée, et pourvue de caractères et des ornements en relief. Il est accompagné d'un netsuké de même matière, qui figure une pierre à broyer l'encre.
Signé : Zéshin.

395. — en porcelaine de Koutani, décorée en rouge au trait, sur couverte blanche. Le décor représente la légende du philosophe chinois, se lavant les oreilles à l'eau d'une cas-

cade, pour se purifier des vilenies entendues à la cour de l'Empereur.

Sous le plat inférieur une inscription, qu'il faut traduire: Fait par le céramiste du Château de Kanasawa, dans la tourelle des nuages colorés. *Cachet*: Tshokouzan.

396. Inrô mi-partie fond noir gravé d'un dessin d'ornement, sur lequel volètent deux papillons, et mi-partie à fond d'or avec, en relief, un tabouret supportant une chimère. Incrustation de burgau.

397. — à quatre cases, en laque d'or, décoré en bas-relief d'or et de couleur du dieu Hoteï, très débraillé, tenant une coupe à saké dans la main. Au revers et sur les deux extrémités, des vols d'oies au-dessus des roseaux éclairés par la lune.

398. Quatre inrô en laque d'or, à motifs de paysage, d'animaux ou de figures.

399. Inrô en laque noir, décoré en laque usé, d'or et d'argent, de deux moineaux voltigeant sous un bambou.

Signé: Yoyusaï. D'après le dessin de Hokousôwo Itshiyo.

400. — à une seule case, dont l'intérieur et les deux extrémités sont en argent. Le pourtour est en shibuitshi, décoré en métaux variés de quatre frises saillantes qui représentent des scènes tirées de la légende ou de la vie familière.

401. — en bronze rouge, avec applications en relief de métaux divers, qui représentent des coquillages au bord d'une plage. La crête des vagues est en incrustation d'argent, et l'horizon est fermé par des montagnes, modelées dans la matière.

Signé: Naoyoshi.

402. — en bois sculpté. Un canard nage au milieu des roseaux.

403. Inrô à quatre cases, avec décor noir sur noir. Le dragon émergeant des flots de la mer. Ses yeux sont figurés par des perles de verre incrustées, sur fond d'or.
Signé : Bounriusaï.

404. — à quatre cases, décoré, sur fond noir sablé d'or, d'une aubergine en laque noir mat, frotté d'or. Le revers porte une poésie tracée en caractères de laque d'or.
Signé : Kômin.

405. — à quatre cases, à fond noir, décoré en laque plat, d'un oiseau chantant sur un prunier en fleurs.
Signé : Hissahidé.

406. — à quatre cases, décoré d'une branche de prunier en fleurs, en laque usé sur fond noir.

407. — à trois cases, décoré en or de relief, de quatre sachets en forme de ballons ovales, reliés entre eux par une double cordelière.
Signé : Morimitsu.

408. — à quatre cases, en laque d'or, sur lequel se détache en noir mat un prunier fleuri, à l'imitation d'un dessin à l'encre de Chine. Inscription : d'après le dessin de Yeisen Tenshin.
Signé : Senrisaï

409. — à quatre cases, en laque d'or avec application d'argent. Foukourokou, dieu de la longévité, est assis sur une cigogne qui plane dans les airs. Au revers, un enfant acclame joyeusement cette apparition.
Signé : Kôghiok'saï.

409 bis. Sept inrô en laque d'or et de couleurs, avec décors variés.

NETSUKÉ[1]

NETSUKÉ EN BOIS

410. Netsuké en bois. Crapaud ramassé sur lui-même.
   Signé : Hidéoki.

411. — Tengou (monstre ailé des bois) sortant de son œuf.
   Signé : I-otsu.

412. — Un Sennin (ermite bouddhique) portant une chimère sur son épaule.
   Signé : Shuzan.

413. — Jeune dormeuse accroupie.
   Signé : Massa jo (femme Massa).

414. — Personnage bâillant, un cure-dent à la main.
   Signé : Hôkei.

415. — Diable pilant une pâte dans un mortier.
   Signé : Shôrakou.

416. — Lapin aux longues oreilles.
   Signé : Toyomassa.

---
[1]. Les *netsuké* sont de petits ouvrages sculptés qui maintiennent au moyen d'un cordon tous les objets qui se portent à la ceinture, tels que inrô, pipes et pochettes.

417. **Netsuké en bois.** Petits chiens nichés dans une cuve renversée.
Signé : Naomassa.

418. — Un Niô polissant une pierre. (Les Niô sont les deux statues que les Japonais dressent de chaque côté de l'entrée des temples consacrés à la déesse Kwanon. Ils sont chargés d'en défendre l'entrée aux mauvais génies.)
Signé : Jugokou.

419. — Crapaud sur une sandale de paille.
Signé : Kokei.

420. — Souris pelotonnée, se grattant le museau.
Signé : Ittansaï.

421. — en bois marron représentant un colimaçon qui sort de sa coquille et qui s'y colle, les cornes étendues.
Signé : I-otsu.

422. — Fabricant de sandales au travail.
Signé : Tenkô.

423. — Acteur de Nô avec masque de diable, un marteau à la main. Bois polychrômé.
Signé : Shôyen.

424. — Masque de rieuse.
Signé : Ghioko.

425. — Masque de diable.
Signature : Démé Foujiwara Massahidé, suivi de la mention : Seul dans le pays (capable de ce travail).

426. — Masque de vieillard.
Signature : Démé Ouman, suivi de cette mention : Seul au monde (capable de ce travail).

427. Quatre netsuké en bois, représentant chacun, avec des variantes, un crapaud posé sur un seau renversé.
Signés : MASSANAO.

428. Netsuké en bois. Un chien qui se gratte.
Signé : DONRAKOU.

429. — en bois marron, représentant un fruit avec sa tige garnie de feuilles.
Signé : BOUNGA.

430. — Un vaste édifice couvert de chaume. Dans les galeries à jour on perçoit de nombreux personnages.
Signé : HÔRAKOU.

431. — Masque de rieur.
Signé : YEIDO.

432. — Figure d'empereur chinois, à longue barbe et portant une lance.
Signé : TÔMAN.

433. — Pied de champignons à trois tiges.
Signé : TAK'SAÏ.

434. — Prêtre assis, complètement replié sur lui-même, son visage visible par-dessous.
Signé : SHUGUETSU.

435. — Bœuf au repos.
Signé : SAWA SHIJOUN.

436. — Un petit renard monte sur le dos d'un cheval. Proverbe Japonais, s'appliquant à un racontar invraisemblable.
Signé : ITTAN.

437. — Homme du peuple assis à terre, les jambes repliées.
Signé : SAÏSHI.

438. — Blaireau chantant et frappant sur son ventre énorme pour s'accompagner.
Signé : KÔKEI.

439. **Netsuké en bois.** Vieillard en marche, un panier de champignons à la main.
   Signé : Ghiokousan.

440. — Dharma en contemplation.
   Signé : Issaï.

441. — Six sujets variés. Personnage, champignon ou animaux.

442. — Personnage assis, se faisant masser par un aveugle.
   Signé : Miwa.

443. — Enfant, essayant de soulever un gros sac.
   Signé : Kighiokou.

444. — Raïjin, démon du tonnerre brandit avec colère les deux marteaux de ses tambours. Netsuké de grande dimension comme en portent les lutteurs.

445. — Masque de diable.
   Signé : Démé Joman.

446. — Bois de saule jaune. Grenouille sur une feuille de nénuphar; les yeux sont en corne jaune transparente.
   Signé : Seizan.

447. — Une tortue qui sort prudemment sa tête hors de sa carapace.
   Signé : Yassutada.

448. **Deux netsuké en bois.** 1° Squelette tapant avec une baguette sur un grelot. 2° Singe dans une châtaigne; ses yeux sont en corne jaune.
   Signés : Tomoïtsh.

449. **Netsuké en bois.** Un Capa (monstre malfaisant dont le corps tient du crapaud et de la tortue) grimpe sur un coquillage bivalve.
   Signé : Suketada.

450. Deux netsuké en bois de saule polychromé. L'un représente un danseur de Nô et l'autre un porteur de gourde. Style de Nara.
   Signés : Shûzan.

451. Netsuké en bois. Crapaud au repos.
   Signé : Risui.

452. — Un homme du peuple lacérant le vêtement de son ennemi (simulacre de vengeance).
   Signé : Miwa.

453. — Blaireau chanteur.
   Signé : Tomonobou.

454. — Trois tortues, montées les unes sur les autres.
   Signé : Ghiokoumin.

455. — Masque de femme joufflue.
   Signé : Riukei.

456. — Raccommodeur de marmite.
   Signé : Ghiok'kei.

457. — Figurant trois troncs de bambou accolés, en bois sculpté de ton brun. Le feuillage est figuré par un décor de laque.
   Signé : Yoshikadzu.

458. — Singe assis, se grattant le museau.
   Signé : Massakadzu.

459. — Serpent enroulé.
   Signé : Sukénao.

460. — Champignon.
   Signé : Ghiokutei.

461. — Grenouille assise sur une sandale de paille.
   Signé : Massanao.

462. Netsuké en bois. Coq, poule et poussin.
 Signé : Massahiro.
463. — Crapaud au repos.
 Signé : Risui.
464. — Crapaud portant son petit sur le dos.
 Signé : Yassutada.
465. — Singe sortant d'un marron.
 Signé : Tomo-itshi.
466. Dix netsuké en bois. Plantes et fruits.
467. Neuf netsuké en bois. Sujets divers.
468. Onze netsuké en bois. Personnages.
469. Vingt-deux netsuké en bois. Animaux.
470. Douze netsuké en bois laqué de couleurs, représentant des figures.

NETSUKÉ EN IVOIRE

471. Netsuké en ivoire. Le démon du tonnerre, frappant sur son tambour.
 Signé : Sako.
472. — Un sanglier couché sur un lit d'herbes.
 Signé : Kikougawa.
473. — Lapin accroupi.
 Signé : Tomotada.
474. — Un *capa* (monstre des marais) attaqué par un gros crabe.
 Signé : Ikôsai.

475. **Netsuké en ivoire.** Deux diablotins hurlent sous la douleur que leur causent les fèves qu'on jette à ces mauvais génies pour les chasser de la maison.
   Signé : Ikôsai.

476. — Une hirondelle de mer, représentée dans la forme conventionnelle des jouets d'enfants.
   Signé : Massanao.

477. — Vieux singe, assis, se tenant le pied.
   Signé : Hidémassa.

478. — Deux Manzaï, danseurs du jour de l'an.
   Signé : Tomotshika.

479. — Une chauve-souris, une aile repliée, s'enroule dans l'autre.
   Signé : Hiïdzu.

480. — Danseur de Nô, masque et chapeau en bois.
   Signé : Kôjitsu.

481. — Fabricant de meules au travail.
   Signé : Jôjôsai.

482. — couleur d'écaille. Il représente une tortue, la tête rentrée sous sa carapace.
   Signé : Yuka.

483. — en forme de coussinet, représentant des feuilles de papier repliées, chacune ornée d'un sujet de personnage, gravé en creux.
   Signé : Minkokou.

484. — Sculpteur, occupé à évider le revers d'un masque, qu'il maintient par ses deux pieds.
   Signé : Tomotshika.

485. Netsuké en ivoire. Une fleur de forme allongée porte, en laque d'or, une mouche et un semis de quatre fourmis microscopiques.
　　Signé : SHORINSAÏ.

486. Deux Netsuké en ivoire, dont l'un représente une perle bouddhique enlacée par les flots; et l'autre, un enfant se cachant derrière une table-support.
　　Signés : ANRAKOU.

487. Netsuké. Saint bouddhique, accompagné d'un tigre.
　　Signé : MASSATOSHI.

488. — Groupe de sept masques, accolés dans les deux sens.
　　Signé : RAKOU WOSAÏ.

489. — Bloc formé par les attributs du dieu Daïkokou; ton brun.
　　Signé : SEIMIN.

490. — Buffle couché, la peau tachetée de noir.
　　Signé : TOMOTADA.

491. — en forme de garde de sabre. Il est gravé d'un motif d'enfants se livrant à des jeux animés.
　　Signé : ANRAK'SAÏ.

492. — Pieuvre enroulée dans ses tentacules.
　　Cachet illisible.

493. — Philosophe chinois lisant, assis sur un tabouret.
　　Signé : SÉKIRAN.

494. — Philosophe chinois lisant. Il voyage sur le dos d'un buffle qui est conduit par un homme du peuple.
　　Signé : JORIU.

495. — Chimère assise, la patte posée sur une boule.
　　Signé : SHÔSÉKI.

496. **Netsuké en ivoire.** Groupe de deux lapins.
Signé : Ishi.
Cassure aux oreilles.

497. Quinze netsuké en ivoire motifs variés.

498. Dix-sept netsuké en ivoire. Animaux.

499. Treize netsuké en ivoire. Personnages.

NETSUKÉ EN LAQUE

500. **Netsuké en laque.** Figure légendaire, portant la perle sacrée du bouddhisme. Un dragon s'est agrippé le long de son dos et pose sa tête sur celle du personnage. Style de Nara.
Signature illisible.

501. — Pigeon sur une tuile cassée.
Signé : Miasan.

502. — formant une petite boîte à angles arrondis, décorée de bambou incisé.
Signé : Zéshin, d'après un dessin de Shôjo-ô.

503. — formé d'une petite gourde, semée de fleurs de chrysanthème en laque blanc.

504. — en laque d'or représentant un jouet d'enfant, en forme d'oiseau.

505. Deux netsuké en forme de boutons, en bois laqué de couleurs, représentant des masques.

506. **Netsuké** en laque d'or décoré de la déesse Benten, jouant du koto, assise sur un dragon dans les nuages.
Signé : Jiyôsai, « d'après une composition de Tanyu. »

507. Netsuké en laque d'or, représentant une fleur de chrysanthème avec feuille.
Signé : OUNRIUSAÏ.

508. Quatorze netsuké variés de forme, en laque d'or ou laque rouge.

NETSUKÉ EN MÉTAL

509. Netsuké en fer damasquiné, en forme de gourde allongée. Il est buriné et damasquiné d'un décor de paysage.

510. — fer ciselé, formant une sébille au fond de laquelle se trouve fixée une écrevisse dorée. Le pourtour extérieur est orné d'un dragon dans les nuages. Il est accompagné d'un coulant en fer damasquiné.

511. — en fer repoussé incrusté d'insectes en or de relief.
Signé : MASSATSUNÉ. Cachet or incrusté : ISHIGOURO.

512. — en bronze, représentant un jeune garçon assis à terre.

513. — en bronze, représentant une corbeille en osier tressé, renfermant deux champignons et une aubergine.

514. — en bronze, représentant un masque de diable.

515. — en shakoudo incrusté. Il représente un rocher semé de coquillages, et arrosé d'un ruisseau vers lequel se penche un singe.

NETSUKÉ EN PORCELAINE

516. Trois netsuké en porcelaines do Hizen, représentant des figures légendaires du Bouddhisme.

NETSUKÉ DIVERS.

517. Deux netsuké en porcelaines de Hirado. L'un est un bouton à décor de chimère et l'autre représente un écran à main, sur lequel est posée une tête de cheval-jouet.

518. Trois netsuké en biscuit de porcelaine, représentant des personnages ou des animaux.
Signés : MASSAKADZU.

519. — en biscuit de porcelaine ou en grès. Un lapin, un chien, et une figure du dieu Daïkokou.

520. Netsuké en terre blanche d'Imado, masque de Nô, qui représente le personnage Yowahôshi.
Signé : SÔHITSHI.
Il est accompagné d'une pochette en soie.

521. — en porcelaine de Mino en forme de sébille. Le décor, en bleu sous couverte, représente une ville au bord de la mer.

522. — formant une petite cuvette oblongue en porcelaine rouge et or. Décor à figure d'enfants et à fleurs.

NETSUKÉ DIVERS

523. Netsuké en émail cloisonné, en forme de sébille.

524. — en os. Tête de mort d'où sort un serpent.

525. — représentant un fusil. Bois laqué or, avec canon en fer damasquiné.
Signé : KADZUMOTO.

526. — représentant un fusil. Bois uni avec canon damasquiné.

527. Netsuké en corne, représentant une tortue.
Signé sur une plaque d'or : Kômin.

528. Deux netsuké : l'un en cornaline, l'autre en ambre, tous deux traversés par une tige d'argent, qui se termine en anneau de suspension.

529. Netsuké en pâte de corail, traversé par une tige d'argent qui se termine en anneau de suspension.

530. — en corne, représentant un poisson sec.

NETSUKÉ-BOUTONS

531. Netsuké en forme de bouton, en argent ciselé, dont le motif central forme une rosace de cinq feuilles convergeantes. Il est enchâssé dans une pièce d'ivoire, figurant des chrysanthèmes.
Signé : Sho-oun-saï.

532. — avec plaque en fer à rehauts d'or et d'argent. Le dieu de la longévité, debout sur les nuages. Sertissure d'ivoire.
Signé : Minkokou.

533. — en forme de bouton, en bois ajouré, représentant une branche de chrysanthèmes fleurie.
Signé : Massahidé.

534. — plat en ivoire gravé. Enfant, un masque sur la figure, bat du tambour.
Signé : Minkokou.

535. — avec plaque en shibuitshi incrusté. Un seigneur, accoudé dans la campagne, contemple la lune, son page derrière lui.
Signé : Yukikouni.

536. Netsuké en forme de bouton en ivoire évidé, représentant des tiges de riz, où volent deux oiseaux qui sont ciselés en métal mixte.

537. — avec plaque en shibuitshi gravé à reliefs. Un Rakan (apôtre de Bouddha).
Signé : Minghiokou.

538. — en ivoire ajouré, portant incrusté un motif qui est en or et en argent. Shôki, chevauchant sur une chimère, est à la poursuite d'un diablotin qui se cache sous la racine d'un arbre.
Signé : Mitsunori.

539. — avec plaque en argent patiné, incrusté de bronze. Buste de la déesse Kwanon. Serti de corne noire.
Signé : Kôsaï.

540. — en ivoire sculpté en creux. Un maçon au travail. Au revers s'étend une toile d'araignée.
Signé : Riutshin.

541. — en ivoire, incrusté en argent et en malachite d'un personnage à longs bras, mangeant du poisson.
Signé : Riumin.

542. Deux plaques pour boutons, en shibuitshi incrusté de motifs à personnages.

543. Netsuké en forme de bouton. La plaque, qui est en shibuitshi gravé et incrusté, représente un philosophe endormi sur un tonneau à saké. Un papillon vole au-dessus de lui. Sertissure d'ivoire.
Signé : Shumin.

544. — avec plaque en fer gravé au burin, et parties incrustées d'or à plat. Un philosophe chinois dans la campagne, se fait suivre par un jeune garçon, qui porte ses rouleaux d'écriture. Sertissure d'os.
Signé : Shurakou.

545. Neuf netsuké en forme de bouton, en ivoire ajouré ou gravé.

546. Trois netsuké en forme de bouton, en ivoire incrusté.

547. Neuf netsuké en forme de bouton de métal, enchâssés dans de l'ivoire.

548. Quatre netsuké en forme de bouton, en fer ou en shibuitshi enchâssés dans du bois.

549. Six netsuké en forme de bouton, en bronze ou en fer incrusté.

550. Trois plaques rondes pour boutons, en shibuitshi ou en sentokou.

551. Netsuké en forme de bouton et une plaque en émail cloisonné.

552. Plaque ronde pour bouton, incrustée à plat d'un enfant prenant un papillon sous son éventail.
Signée : Takao.

553. — en argent repoussé. Chimère gambadant dans les pivoines.

54. Netsuké en forme de bouton, en argent ciselé et ajouré, encadré d'ivoire. Motif d'herbes fleuries au-dessus desquelles volent deux papillons.

DESSIN AU CRAYON DE PHILIPPE BURTY

(Bois sculpté. — Pièce n° 560 du catalogue.)

BOIS SCULPTÉ

BOIS SCULPTÉS DU XVIᵉ SIÈCLE

555. **Statuette** en bois couleur de rouille. Elle représente l'une des deux statues appelées Niô, que les Japonais dressent aux portes des temples dédiés à la déesse Kwanon, pour en défendre l'entrée aux mauvais esprits; celui-ci porte une hache de la main gauche.

   Hauteur : 0ᵐ,17.

556. **Masque** ayant servi dans les danses de Nô, représentations hiératiques, qui rappellent des épisodes de l'histoire fabuleuse du Japon. Le caractère de ce masque est celui de la fureur. Des vestiges de couleurs indiquent que le visage a été peint en vert sombre, les cheveux en bleu et la bouche en rouge. Les yeux sont laqués d'or.

BOIS SCULPTÉS DU XVIIᵉ SIÈCLE

557. Portrait d'un Tshajin (personnages habiles aux cérémonies du thé). Il est représenté en vêtements d'intérieur, assis, les jambes repliées, la tête à demi tournée vers la droite. Son attitude marque une grande dignité de tenue, et l'expression du visage est très vivante.

Hauteur : 0ᵐ,30.
Pièce reproduite dans l'*Art japonais*, par L. GONSE, tome II, p. 61. Dessin de H. Guérard.

558. Statuette en bois laqué, qui représente un personnage légendaire de la Chine, assis dans un fauteuil. Cette figure est supportée par un socle à chimère, qui, selon toute apparence, ne lui appartenait pas dans l'origine.

Cassure au menton du personnage.
Hauteur : 0ᵐ,20.

BOIS SCULPTÉS DU XVIIIᵉ SIÈCLE

559. Portrait d'un homme du monde entré en religion. Il est assis, les genoux repliés. Bois rougeâtre, socle en bois dur.

Signé : JUGHIOKOU.

Hauteur : 0ᵐ,18.
Pièce reproduite dans l'*Art japonais*, par LOUIS GONSE.

560. Statuette en bois de kiri, représentant Hôtei, dieu du contentement domestique. Il porte au bout d'un bâton sa besace bien gonflée.

Signée : JUOUNDO SÉGAWA. Cachet : SHIGHÉMITSU.

Hauteur : 0ᵐ,16.

BOIS SCULPTÉS DU XVIIIe SIÈCLE.

561. Gros crapaud en bois de patine brune dont les rugosités naturelles rendent l'effet pustuleux de la peau; le globe de l'œil laqué d'or.
Signé : NORISADA.
Longueur : 0^m,15.

562. Statuette de la déesse Benten en bois marron, debout.
Signée : SHUKO.
Hauteur : 0^m,24.

563. — en bois noir, représentant un ermite en prière.
Hauteur : 0^m,10.

564. Fokourokoujiu le dieu de la longévité, en bois brun-clair, rieur, les bras croisés.
Hauteur : 0^m,12.

565. Petite Statuette de l'apôtre Dharma, assis à terre, les jambes repliées. Les yeux sont d'ivoire, ainsi que l'anneau de l'oreille gauche. (L'autre manque.)
Signée : SHUSAÏ TAKÉNOOUTSHI KIOUÏTSHI.
Hauteur : 0^m06.

566. Statuette en bois rougeâtre, représentant la poétesse Komatshi, devenue vieille, et mendiant au bord du chemin, le corps décharné et le visage profondément sillonné de rides. Elle est assise sur une souche, une jambe étendue, un bâton à la main. Les yeux sont en verre et les cheveux sont des cheveux naturels.
Hauteur : 0^m,20.
Détérioration au pied droit.

567. — de l'apôtre bouddhique Dharma, en bois marron. Il est représenté en contemplation, assis, les jambes croisées.
Hauteur : 0^m,17.

568. **Statuette** en bois noir, représentant un seigneur en costume de cour. Il est assis, les jambes repliées, un sabre passé sous le bras gauche.

    Hauteur : 0^m,15.

569. — en bois noir, représentant le Bouddha Çakya Mouni. Les chairs sont dorées, d'un ton amorti par la fumée de l'encens. Il est représenté assis, les jambes croisées, absorbé dans une grande sérénité.

    Hauteur : 0^m,15.

570. — en bois de ton marron, d'un personnage légendaire de la Chine, appelé *Kwanti*. Il est de puissante envergure, assis, l'air majestueux, sur une chaise massive, et tient un rouleau d'écritures de sa main droite. La pointe de sa longue barbe lui descend jusqu'à mi-corps. Travail chinois.

    Hauteur : 0^m,25.

571. **Petit socle** chinois de bois dur, en forme de tabouret. Il est incrusté dans toutes ses parties de fils d'argent.

    Hauteur : 0^m,05.
    Un des pieds est recollé.

572. **Deux petits socles** rectangulaires en bois dur ajouré, avec parties en bois clair. La table est incrustée d'une plaque de lapis lazuli.

    Longueur : 0^m,06.

573. **Paire de cliquettes** de temple, en bois jaune, dont les coups frappés accompagnent le chant rituel. Elles portent, en outre de l'armoirie laquée aux extrémités, des inscriptions en laque d'or, dédiées aux divinités des quatre points cardinaux.

    Longueur : 0^m,19.

BOIS SCULPTÉS DU XVIIIᵉ SIÈCLE.

574. Écritoire en bois noir-écaille, représentant une grosse tortue qui marche en portant son petit, monté sur sa carapace. A l'intérieur on trouve la pierre à broyer l'encre, en forme d'un tronc d'arbre coupé, dont le tour est laqué d'or.

Signée : TEIGHETSU.

Longueur : 0ᵐ,28.

575. Boîte-écritoire de forme rectangulaire et plate, en bois dur de ton marron. Le plat du couvercle est vigoureusement buriné d'une touffe de fleurs et de roseaux.

Longueur : 0ᵐ,24.

576. Dyptique de forme rectangulaire, sculpté, en plein relief, d'un panthéon bouddhique. Les deux volets refermés l'un sur l'autre forment une boîte, dont l'extérieur est laqué d'or, avec décor de plantes de lotus sortant de l'eau.

Fentes dans les parties intérieures.
Hauteur de chaque panneau : 0ᵐ,14.

577. Longue boîte cylindrique en bambou brun clair sculpté, servant à renfermer un rouleau d'écritures sacrées. Elle est ornée d'un semis de branches de chrysanthèmes fleuries.

Longueur : 0ᵐ,40.

578. Masque de Nô, grimaçant, la bouche largement fendue, avec un rictus qui laisse la rangée supérieure des dents apparente. Le nez est très crochu et les yeux sont profondément enfoncés dans l'orbite. Visage rouge avec la barbe et les cheveux peints en noir.

579. — Figure de diable cornu et pourvu de crocs, menton proéminent, les yeux en bronze doré, profondément enfoncés sous la saillie du front. Le ton général est rouge clair, les cheveux peints en noir.

580. Personnage chinois, se précipitant à genoux pour s'emparer d'un gros poisson. Bois jaune d'une essence tendre.
Longueur : 0ᵐ,19.

580 *bis*. Cinq masques de théâtre.

a, petit masque grimaçant de platine brun-jaune, les yeux en bronze.

b, masque de femme, laqué d'un ton blafard, les dents noircies selon l'usage des femmes mariées.

c, masque de jeune homme d'un ton terreux, les dents laquées en noir.

d, masque à menton mobile avec barbiche en crin.

e, masque grimaçant, la bouche garnie de quatre crocs. Les yeux sont en bronze doré et les dents ont été laquées d'or.

MODERNE

581. Planche de vieux bois dur, gravée au burin d'un paysage marin, l'hiver. Le cœur du bois a été réservé pour figurer le terrain, par sa silhouette ondulée et son ton jaune.

Une inscription, gravée sur la gauche du panneau, explique que cet ouvrage a été fait pour Ph. Burty par un artiste nommé Tessaï sur la demande de la société japonaise des Beaux-Arts qui porte le nom de Riutshikwaï (1884).

OBJETS EN IVOIRE

582. Boîte ronde et plate portant en tons polychromes, rehaussés de laque d'or, un fond d'alvéoles, sur lequel se détache un dessin d'éventail.

 Diamètre : 0^m,06.

583. — ronde et plate, décorée d'une rosace teintée en brun.

 Diamètre : 0^m,10.

584. Sept petites boîtes à fard, de formes plates. Elles sont ornées de décors variés en laque d'or.

585. Simulacre de sabre pour médecin, en ivoire uni, avec application de trois petits ornements en shibuitshi incrusté.

 Longueur : 0^m,25.

586. Encrier portatif en ivoire uni. Il est accompagné d'un coulant de même matière représentant une chimère.

 Longueur : 0^m,17.

587. **Boîte** carrée et plate en forme d'une table de Gô à quatre pieds. Elle est décorée en laque d'or d'une chimère, à côté d'une touffe de chrysanthème dont les fleurs sont d'argent et d'écaille incrustés.

Longueur : 0^m,06.

588. **Petit support** de forme carrée à pans coupés. La table est ajourée d'un motif à papillon.

589. **Tube** gravé en creux. Baigneuse attaquée par une pieuvre.

Signé : KORINSAÏ.

Hauteur : 0^m,13.

MODERNE

590. **Groupe de singes.** Une guenon apporte une branche de fruits de kaki à ses quatre petits, qui se la disputent.

Longueur : 0^m,11.

Yanaghi-ha (feuille de saule). Yanaghi-ha (feuille de saule). Wata-koujiri (arrache-entrailles). Yanaghi-ha (feuille de saule).

FERS DE FLÈCHES

(N°⁵ 591, 594, 595 et 596 du Catalogue.)

ARMES

FERS DE FLÈCHES ET DE LANCES. — LAMES

591. Trois pointes de flèches de forme plate, dite Watakoujiri (arrache-entrailles). Elles sont finement ajourées de motifs figurant des fleurs de cerisier.
    Signées : IYÉYOSHI, habitant de la province Etshizen.

592. Deux pointes de flèches de même modèle que les précédentes.
    Signées : KÔRAÏ, habitant de la province Etshizen.

593. Pointe de flèche ajourée d'un motif en forme de cœur.
    Signée : MINAMOTO KIDÔ-SHINANO NO KAMI (titre honorifique).

594. Deux pointes de flèches de même modèle que la précédente.

595. Trois pointes de flèches, dont deux de même modèle que les précédentes ; la troisième est de forme plus ovale et le découpage présente un motif plus simple.

596. Quatre pointes de flèches, de forme élancée, dite Yanaghiha (feuille de saule)[1].

597. Lame de petit sabre, gravée d'un glaive bouddhique autour duquel s'enroule un dragon.

[1]. Plusieurs des pointes de flèches ci-dessus ont été reproduites dans le *Japon artistique*, t. II, p. 125.

598. Lame de grand sabre, gravée en creux, avec une grande puissance d'outil, d'un dragon qui s'enroule autour d'un glaive bouddhique ; sur l'autre face deux gouttières parallèles, et des caractères sanscrits.

Sur la fusée se trouve incisée l'inscription : Forgé et ciselé par Ikanshi Tadatsuna à Awata Goutshi le huitième mois de la dixième année de Ghenrokou (1697).

Les œuvres de ce maître figurent dans les catalogues des sabres célèbres.

599. — de kodzuka, incrustée d'une sentence en caractères d'or :
« La vaillance n'est pas un don du ciel ; elle est le résultat d'une bonne vie. »
Signée : Oumétada.

600. Vingt-trois lames de kodzuka, sur lesquelles se trouvent gravées des inscriptions diverses.

601. Hache et polissoir en pierre ; la hache, qui offre un ton verdâtre, paraît en serpentine.

Age préhistorique.

Ces deux objets proviennent des envois que fit le gouvernement Japonais pour l'exposition de 1878.

602. Trois couteaux pointus, à manches de fer, et portant des sentences gravées sur les lames.

603. Fer de lance à deux défenses à la base, aiguisées sur tous les profils.
Signé : Yassukouni.

604. Quatre fers de lance droits.
Signés : Massatsuné — Monju — Kanéhissa — Mitsusada.

605. Fer de lance, creusé de deux gouttières sur chaque face.
Signé : Seïjirô.

SABRES

606. **Grand sabre**, dont le fourreau est en laque noir uni, à reliefs hélicoïdes. La lame, longue de 73 centimètres, est d'une extrême finesse de grain. Une gouttière profonde règne de chaque côté de la lame, qui est montée dans un manchon d'or. Signature sur la soie :
    Kanetsougu, célèbre armurier du xvie siècle.
    La garde en fer est décorée d'un motif de gourde en pleins reliefs d'or et d'argent. Elle est signée : Nara.
    Les bouts et anneau du fourreau sont de shibuitshi, décoré en tons polychromes de feuilles d'érables et de fleurs de cerisier.
    Cette arme, ainsi que la suivante, proviennent d'une des premières familles nobles du Japon. Elles ont été offertes à Philippe Burty par un membre de cette famille.

607. **Petit sabre** à fourreau de laque noir et annelé. La garniture est partie en shakoudo chagriné à reliefs d'or et d'argent, et partie en shibuitshi incrusté à plat; le tout offrant des motifs de fleurs ou d'oiseaux; seul le kodzuka est décoré de cristaux de neige, et les menouki représentent des oiseaux en or plein.
    Le kodzuka et le kogaï sont signés : Goto Mitsumassa.
    Cette arme est de la même provenance que la précédente.

608. **Sabre** à fourreau cintré et annelé, en laque rouge. La garniture, très complète, est en shibuitshi chagriné, parsemé en or des armes famille princière de Kaga.

609. **Poignard** à fourreau de laque noir uni et à monture d'argent ciselé, ayant pour motif des flots qui jettent des perles d'écume. La garniture porte en outre le semis d'une armoirie. Ttrois fleurs, disposées en cercle.

610. **Petit sabre**, dans la forme d'un glaive bouddhique. Fourreau en bois de paulownia laqué de brun, à l'imitation d'une écorce de sapin avec, sur chaque face, une cigale et un colimaçon, en reliefs laqués rouge et or. La poignée et la monture du fourreau sont en fer buriné. Dans la lame damasquinée, sont creusés trois caractères bouddhiques.

611. **Sabre** à fourreau de laque noir mat avec enroulement de dragon en laque mordoré. La poignée, le bout et l'anneau en cuivre ciselé et doré, sont également à motif de dragon ; garde en fer.

612. **Petit sabre** à fourreau en bois naturel, avec bouts, anneaux et kodzuka en fer ciselé et rehaussé d'or. Les autres parties de la garniture sont en métaux mélangés. Toute l'ornementation se compose de sujets bouddhiques, sauf l'anneau supérieur du fourreau et l'anneau inférieur de la poignée, qui représentent une cascade entre des rochers entourés de nuages.

613. — à fourreau de cuir et garniture en fer, ajouré de rinceaux, sur lesquels s'enlèvent des dragons dorés. Les menouki seuls représentent des dragons en bronze doré.

614. — à fourreau de laque rouge avec semis de burgau. La garniture est en fer damasquiné de feuillages et de fleurs.

615. — de forme recourbée, à fourreau de laque rouge annelé. La garniture est en argent chagriné, sauf l'un des anneaux et le kodzuka qui sont en argent poli et ciselé à décor de nuages. Arme princière.

616. **Sabre** de forme recourbée, à fourreau couvert de toile laquée. Les principales pièces de la garniture sont en os ; les ornements accessoires se composent d'un tressé d'argent, d'un poisson en bois sculpté, d'anneaux en fer damasquiné et d'un menouki en argent, représentant un coquillage.

SABRES.

617. Petit sabre de forme recourbée, en bois naturel, incrusté d'une tige de maïs en ivoire, à graines rouges. Les bouts, les anneaux et la garde, sont en os de narval.

618. Petit sabre, à fourreau mi-partie de laque rouge annelé, mi-partie de laque noir uni. Poignée en argent oxydé et décoré d'un vol d'oiseaux. La garniture d'argent ciselé est à motif de vagues.

619. — à fourreau de laque noir nuagé, garniture en fer damasquiné, excepté le bout inférieur qui est de bronze rouge, orné d'une libellule en bas-relief.

620. — dont le fourreau est en bois naturel brun uni. La garniture en fer ciselé est à motif d'herbes sauvages. Garde en cuivre chagriné.

GARDE EN FER
(N° 725 du Catalogue.)

EXPLICATION DES NOMS DES MÉTAUX

EMPLOYÉS DANS LES ACCESSOIRES D'ARMES

Le shakoudo est un bronze d'or dans lequel le métal précieux entre pour une proportion de 3 à 20 p. 100 suivant la coloration à obtenir. Cette coloration va du noir de charbon au bleu aile de corbeau.

Le shibuitshi est un bronze d'argent qui contient de 25 à 40 p. 100 d'argent, et qui offre toute la gamme des gris argentés.

Le sentokou est un alliage de cuivre et d'étain qui donne un bronze jaune d'un éclat doux et très lumineux. Le nom de *sentokou* a été donné à cette espèce de bronze, en mémoire de la période chinoise du même nom (1426-1435), pendant laquelle ce métal passe pour avoir été fabriqué pour la première fois.

GARDES DE SABRE

GARDES DE SABRE DU XVᵉ SIECLE

621. Garde en fer uni, incrustée de cuivre, et laquée en partie. Le décor représente les deux Ni-O (littéralement : Deux rois) ce sont les statues hiératiques qu'on élève aux portes des temples consacrés à la déesse Kwanon, pour garder le sanctuaire contre l'invasion des mauvais génies.

622. — en fer plein, incrusté de cuivre et d'argent. Le décor est formé d'un enroulement de rinceaux à feuillage.

623. Quatre gardes en fer plein, incrustées de cuivre. Motifs variés.

624. Trois gardes de petits sabres en fer, ajourées et incrustées de cuivre, à motifs d'ornements.

GARDES DE SABRE DU XVIᵉ SIÈCLE

625. Garde en fer uni, ajourée près du bord d'un éventail, découpé nettement à la scie.
Signée : TADATSUGOU.

626. — en fer, largement évidée. Elle est en forme d'une bobine encerclée.
Signée : TEIMEI, habitant de Kishiu.

627. — en fer uni, ornée en reliefs de monnaies d'or, d'argent et cuivre.
Signée : KOUNIHIRO (Peut-être du XVIIᵉ siècle).

628. — en fer, carrée à angles abattus. Elle est ornée en bas-reliefs à rehauts d'or et d'argent, de deux dragons, et au revers sont représentées deux des musiciennes célestes.
Signée : MOUNÉSADA.

629. — en fonte unie, portant en relief, avec rehauts d'or, une série de dix figures mythologiques, disposées en cercle.
Signée : KANÉ-IYÉ, habitant de Foushimi dans la province Yamashiro.

630. — en fer plein, incrusté d'argent et d'or. Des têtes de mort et des ossements au milieu des herbes.
Signée : SHÔAMI.

631. — en fer, de forme annulaire; chaque face porte deux dragons ciselés en relief, sur fond sablé d'or.

632. — formée d'une mince plaque de fer, damasquiné d'un dessin de dragons très effacé.
Dans une inscription incrustée en or, le général Kiyo-massa (lieutenant de Taïko-sama) explique que cette garde lui fut offerte par un membre de la famille impériale de

Corée. (Katô Kiyomassa commandait une des deux armées japonaises qui envahirent la Corée).

633. Garde en fer plein, à rehauts d'or et d'argent. Un poète chinois, voyageant à dos de mulet, se retourne pour admirer le paysage.
Signée : KANÉ-IYÉ, habitant de la ville Fushimi.

634. — octogonale en fer repercé, travail de damasquine ; deux dragons affrontés serpentent à travers des tortillons.

635. — en fer, de dimension inusitée. Elle est décorée en léger relief d'une plante de gourde, et incrustée en shakoudo d'un grand fruit de la même espèce. L'ouverture de passage pour le kodzuka a le profil des armes de Taïko-sama, qui avait pris en outre la gourde comme emblème. On peut donc affirmer que cette pièce a été faite pour le puissant dictateur en personne.

636. — en fer ajouré, enrichi de dorures ; trois personnages à l'apparence exotique se démènent au milieu de rinceaux fleuris. Des caractères d'une forme étrange entourent l'ouverture où passe la lame.

637. — en bronze rouge ; modèle en bas-relief très vigoureux ; face et revers de Raïjin (dieu du tonnerre), au milieu des nuages, remplis de tous les attributs du démon.

638. — en sentokou, incrusté de shakoudo et de bronze rouge ; décor de moineaux sous les bambous.

639. — en fer uni, parsemé de paillettes d'or incrustées.
Signée : SHÔAMI.

640. — en fer martelé, sans ornement.
Signée : OUMÉTADA.

640 bis. Six gardes en fer ajouré, avec incrustations de cuivre, à dessin d'ornements.

640 ter. Douze gardes en fer plein ou ajouré, la plupart incrustées d'or et d'argent.

GARDES DE SABRE DU XVIIᵉ SIÈCLE

641. **Deux gardes** en fer, ciselées en demi-relief, à rehauts d'or, semé de paillettes. Dragons dans les nuages ou dans les flots.
Signées : JAKOUSHI.

642. **Garde** en fer modelé et damasquiné. Des paysages finement traités, avec un lac dans les montagnes et des barques de pêcheurs.
Signée : KIZAYÉMON JAKOUSHI, de Nagasaki.

643. — en fer évidé, avec rehauts d'or et de métaux divers. Le sujet représente un saint bouddhique tenant une sébille, dont s'échappe un dragon.
Signée : TETSUGHENDO SHÔRAKOU.

644. — en fer incrusté d'or. Un célèbre héros chinois de l'antiquité s'avance sur un pont. Au revers on voit les ennemis s'enfuir d'épouvante.
Signée : KANKEI.
Pièce gravée par H. Guérard et reproduite dans l'*Art japonais* de LOUIS GONSE.

645. — en fer, en forme de losange, à bords repliés. Elle est semée, en incrustations d'or et d'argent, d'aiguilles de pins et d'un râteau et d'un balai. Ces ustensiles évoquent le souvenir du vieux couple légendaire de Takasago, qui symbolise la fidélité dans la vieillesse.
Signée : KANÉSHIGUÉ.

646. — de petit sabre, en fer incrusté d'un vol d'oiseaux, figurés en rehaut de nacre avec parties dorées.
Cachet de nacre : ISHIGODRO MASSAYOSHI.

647. Garde de petit sabre. Un prunier fleuri, sorti de terre au revers de la garde, la traverse en passant par un trou circulaire.
    Signée : Yassutada.

648. — en fer, avec reliefs de bronze rouge. Dharma, disciple de Bouddha, est assis derrière un tertre baigné par un ruisseau.
    Incrustation en or d'une sentence bouddhique et au revers la mention : d'après un dessin de Sesshiu.

649. — en fer, ajourée par places et rehaussée d'or. Le dieu Hotei, étendu sous un sapin, joue avec un enfant qui lui chatouille le nez.
    Signée : Seijo.

650. Deux gardes en fer plein ; l'une est décorée d'un personnage, qui porte une gourde, debout sur une lamproie (sujet d'un proverbe Japonais); l'autre représente une chimère qui joue avec les glands d'un tube, figuré en shakoudo.
    Pièces attribuées au premier Goto.

651. Garde en fer portant, en relief, un dragon qui apparaît et disparaît à travers les nuages.
    Signé : Massakata, habitant de la province Moussashi.

652. — en fer martelé et ajouré, incrustée d'or et d'argent. Un vieux paysan, appuyé sur une botte de paille, retient la bride de son cheval, couché près de lui.
    Cachet incrusté : Nagaharu.

653. — en fer, découpée à jour d'un petit dessin régulier.
    Cachet en or incrusté : Totaï.

654. — en fer, formant un bourrelet complètement évidé.
    Signée : Bamen Tsunémassa.

655. Garde en fer strié et gravé en creux, à rehauts d'or avec parties repercées. Le motif se compose de deux coquilles bivalves sur du varech.
Signée : MASSAHISSA.

656. Trois gardes en fer ajouré. Deux sont à motifs de feuilles de mauve ou de chêne, et la troisième est évidée à la scie de raies transversales régulières.
Signées : KINAÏ, de la province Etshizen.

657. Garde en fer découpé, à six lobes, en forme de fleur. Elle est ajourée d'un semis de fleurs de cerisiers, finement repercées à la scie.
Pièce reproduite dans l'*Art japonais* de LOUIS GONSE.

658. — en fer tout uni, et évidée de deux grandes ouvertures.
Signature : MITSUTANÉ, précédée de la mention : « Faite avec le restant de l'acier destiné à un fusil. »

659. — en fer uni, dans lequel a été découpée à la scie la *Grande Ourse*, ses sept étoiles reliées par des traits droits, qui se terminent par la pointe d'un glaive bouddhique (cette constellation était patronne des guerriers).
Signée : MASSAYUKI, de la province Moussashi.

660. — en fer uni, damasquinée à plat d'un grand dragon enroulé.
Signée : MORI-IYÉ, de Kôfou (Yédo).

661. — en fer évidé. Vol de grues autour d'un pin. Cercle damasquiné, par HARUMITSHI, de la province Moussashi.

662. — en fer évidé à rehauts d'or. Scène composée de deux personnages légendaires.
Signée : KANYEISHI NOMOURA KANÉNORI DE HIKONÉ, province Omi.

663. Garde de petit sabre en fer ciselé dans la masse. Le motif est de rinceaux, au milieu desquels on distingue deux dragons affrontés.
   Signée : Seiriuken Yeijû.

664. — en fer décoré d'un motif de rinceaux, et enrichi par places de fleurs damasquinées, avec incrustations de corail. En haut, deux petites plaques circulaires en shakoudo, chargées chacune d'une petite fleur en émail translucide sur or. Au revers des lettres européennes dénuées de sens.
   Signée : Riurinsaï, habitant de Tôto (Yédo).

665. — en bronze doré, formée par une agglomération de coquillages et de bivalves, vus sur les deux faces.
   Signature : Tomofussa, de Hagui, dans la province Nagato.

666. — de petit sabre, en sentokou, formée de deux oies en plein vol.
   Signée : Yanagawa Naomitsu.

667. — en sentokou, incrustée d'un motif en shakoudo représentant une vigne, traversée par les barres d'un treillage.
   Signée : Oumétada.

668. — en sentokou incrusté de shakoudo et de moindres parties d'or et d'argent. Le décor représente des feuillages rubannés.
   Signée : Oumétada Hikobé.

669. Trois gardes en fer incrusté de cuivre, d'argent et d'or, à dessins de fleurs ou de feuilles.

670. Garde en fer, octogonale, en forme de coquille d'épée. Elle est damasquinée de deux dragons affrontés, entourés d'une bordure d'or et d'argent.

GARDES DE SABRE DU XVIIᵉ SIÈCLE.

671. Garde en fer plein, semée en relief de petits ornements de formes très variées, qui sont composés de métaux divers.

672. — en fer uni, ajouré à la scie d'un semis de fleurs de cerisiers et autres.

673. — en fer damasquiné et doré. Travail à jour, représentant un guerrier poursuivant le diable qui vient de voler une petite pagode de temple.

674. — en fer ajouré et damasquiné, représentant un épisode des douze exemples chinois de piété filiale. Un jeune homme découvre, pour les donner en nourriture à ses vieux parents, les tendres pousses de bambou sous la neige.

675. — en fer uni, incrusté de shakoudo, d'or et de cuivre rouge. Deux nègres pêchent à l'aide d'une corde des branches de corail qui émergent des eaux.

676. Deux gardes en fer avec applications de métaux divers, représentant les ustensiles qui servent dans les fêtes du thé.

677. Quatre gardes de petits sabres en fer damasquiné d'argent.

678. Trois gardes en fer damasquiné. L'une représente une forêt de sapins surmontée d'un vol d'oiseaux et les deux autres sont ornées de motifs de dragons.

679. Garde de petit sabre en fer avec applications de bronze rehaussé d'or. Pêcheurs à la ligne.

680. — en fer, ajourée de deux feuilles de paulownia accolées et incrustées d'un semis de fleurs, de feuilles et de pommes de pin en argent et en bronze.

681. — en fer, ajourée, damasquinée; vues de temples.

682. Garde en fer damasquiné; elle est ajourée à la scie d'un semis de fleurs de paulownia.

683. — en fer plein, découpé à la scie de deux fleurs de cerisiers, prises l'une dans l'autre.
   Signée : Tadatsugou.

684. — en fer plein. Elle est décorée en relief, sur les deux faces de plusieurs fusées de sabre, portant, gravées en creux ou incrustées en or, des signatures d'armuriers célèbres.

685. — en fer évidé à jour et incrusté d'or. Le motif représente une écritoire fermée, deux pinceaux et une boîte à envoyer les dépêches.
   Pièce reproduite dans le journal l'*Art*, d'après un dessin à la plume de H. Somm.

686. — en fer, incrustée de deux canards en émaux translucides sur or. Au revers des rochers et des feuilles de roseaux en émaux de même travail.

687. — en fer, ornée d'un semis de fleurs de cerisier, découpé à la scie. Ces parties ajourées sont partiellement remplies par des émaux translucides, dont les cloisons d'or complètent le dessin de la fleur.

688. Deux gardes en fer, incrustées de médaillons d'émaux translucides enchâssés et cloisonnés d'or. Ils ont la forme d'écrans dont l'ornementation varie. Ce décor est complété par un semis de fleurettes ou d'ornements en filigrane d'or, avec parties émaillées.

689. Garde en bronze jaune, incrusté, de fils de shakoudo, formant une vrille de vigne qui court sur le fond uni.

690. — en bronze rouge. Le motif, formé de vrilles de vigne, coupées par un semis des armoiries de la famille Daté (une boule entourée de huit plus petites) se détache en plus clair et en légère saillie sur le fond mat.

691. Garde en sentokou, gravée, dans l'épaisseur, des instruments de musique qui servent aux représentations mystiques, et sur l'autre face d'un motif de rinceaux. Au pourtour la branche est ciselée de motifs figurant les ondulations des flots.

692. — en sentokou; sur un fond maté se détache en réserves polies une branche de chrysanthèmes fleurie, face et revers.

693. — en sentokou, incrustée d'or, d'argent et de shakoudo; le décor représente deux sangliers courant sur un terrain planté de roseaux.

694. — formée par une simple rondelle de fer, elle n'est enrichie par aucun décor et ne se distingue que par une sonorité cristalline.
Signée : Massayoshi de Tatéboyoshi dans la province Todzuké.

695. — en fer, incrustée en relief d'une libellule damasquinée dont la queue se continue au revers.
Signée : Otsuriuken Mibokou.

696. — en fer, à bas-relief et incrustée de bronze et autres métaux. Un personnage chinois dans une barque, conduite par un jeune batelier, quitte le rivage montagneux et boisé en contemplant d'un air méditatif le disque de la lune qui brille au milieu des nuages.
Signée : Kôzui.

697. — en fer, incrustée sur les deux faces de trois et deux papillons en émaux translucides sur or.
Signée : Hirata Narisuké.

697 bis. Cinquante gardes en fer plein ou ajouré, avec incrustations d'or et d'argent.

GARDES DU XVIIIe SIÈCLE

698. Garde en fer ciselé avec quelques parties ajourées. Cerisier en fleurs.
Signée : Massanaga, de la province de Moussashi.

699. — en fer incrusté d'or et d'argent. Le héros Ghentokou traverse les flots porté par son cheval fougueux.
Signée : Kanshikan Hidémassa.

Cette pièce a été reproduite dans l'*Art japonais* de Louis Gonse, tome II, p. 153.

700. — en fer ciselé, représentant l'attaque d'un singe par un aigle. A gauche, une cascade. Au revers, on voit un autre singe, réfugié dans une grotte.
Signée : Kawadji Tomomitshi, habitant le chef-lieu de la province Nagato.

Cette pièce a été reproduite dans l'*Art japonais* de Louis Gonse, tome II, p. 158. D'après une gravure de H. Guérard.

701. — en fer modelé, couverte en bas-relief d'une plante de gourdes, avec ses fruits, ses feuilles et ses fleurs.
Signée : Youosaï.

702. — en fer évidé et ciselé. Le motif est de deux dragons affrontés, remontant.
Cachet en or incrusté : Toshiyouki.

703. — en fer évidé, avec rehauts de shakoudo et d'or. Pour motif, le Sennin *Gama*, en compagnie de son crapaud.
Cachet en or incrusté : Toshiyouki.

704. — en fer, portant en relief, avec quelques rehauts d'or, le dragon des tempêtes, qui, tantôt apparaît, tantôt disparaît dans la vapeur des nuages.
Cachet illisible.

GARDES DE SABRE DU XVIIIᵉ SIÈCLE.

705. Garde en fer évidé, représentant des fleurs de cerisier flottant sur l'eau.
   Signée : Massaharu, de la province Moussashi.

706. — en fer évidé et légèrement damasquiné. Le décor figure deux tiges de mauve enroulées.
   Signée : Kinaï, de la province Etshizen.

707. — en fer évidé d'un treillage de bambous d'un modelé gras.
   Signée : Massatoshi de Kofou (Yédo).

708. — en fer ajouré, représentant une branche de chêne où s'accroche un insecte.
   Signée : Hissatsugou de Haghi, province Nagato.

709. — en fer évidé et ciselé, représentant un dragon qui s'enroule en cercle.
   Signée : Itshi Yanaghi Tomoyoshi.

710. — en fer évidé à la scie, de cinq feuilles de paulownia.
   Signée : Tadatoki.

711. — en fer évidé de deux dragons enroulé, et portant à leurs flancs des flammes d'or. Tranche damasquinée.
   Signée : Takahashi Massanori.

712. — en fer plein, damasquinée et ciselée en léger relief, de deux coiffures de nobles sur un fond qui figure des stores en bambous et un enlacement de vrilles de mauve, avec leurs feuilles.
   Signée : Goto Tsunémassa.

713. — en fer ajouré, représentant une plante de melons, appelée Ouri, avec un papillon qui est venu s'y poser.
   Signée : Goto Tsunémassa.

714. — en fer, ajourée à la scie d'un semis de cinq fleurettes de cerisier.
   Signée : Tsunémassa.

GARDES DE SABRE DU XVIIIᵉ SIÈCLE.

715. Garde en fer modelé, représentant des vagues en fureur, d'où émerge, en haut-relief d'or, un dragon puissant et terrible.
Signée : Tsunémassa.

716. — en fer évidé à la scie, pour figurer une fleur de chrysanthème à nombreux pétales.
Signée : Massatsuné de la province Moussashi.

717. — en fer partiellement évidé et enrichi d'or. Elle représente le combat de l'armée des fidèles contre la horde des diables et des mauvais génies, qui fuient épouvantés.
Signé : Sôten de Hikoné, province Omi.

718. — en fer évidé avec rehauts d'or, offrant en bas-relief un enroulement d'anémones en fleurs.
Signée : Massatshika, de la province Mousashi, à l'âge de 61 ans.

719. — de petit sabre en fer ciselé, représentant, enroulées en ovale, les branches d'un vieux sapin.
Signée : Okada Massatoyo, de la province Moussashi.

720. — en fer évidé d'or. Branches de pêcher épanouies, s'enlaçant en pourtour.
Signée : Massataka, de la province Moussashi.

721. — en fer, incrustée d'une chimère en or très massif, sous la chute d'une cascade.
Signature : Narabiné Jouzui, précédée des mots *Shoumpoudo* (atelier de la matinée de printemps).

722. — en fer ajouré avec rehauts d'or. En haut et en bas deux moitiés de fleurs de cerisier; de chaque côté un semis de chrysanthèmes.
Signée : Massatomi, de la province Moussashi.

723. — en fer modelé, incrusté d'or et d'argent. Un personnage verse le contenu d'une gourde dans l'excavation d'une roche. Un homme, debout devant lui, au pied d'un sapin, regarde cette action avec curiosité.
Signée : Hamano Kenzui.

724. Garde en fer ciselé avec application d'or et d'argent. Un héros, le glaive à la main, s'élance à l'attaque d'un dragon qui s'avance vers lui au milieu des flots écumants.
Signée : Kiozui.

725. Quatre gardes en fer. L'une représente en découpages, rehaussés d'or, un enroulement de bambous ; l'autre est formée d'une cigogne volant au-dessus d'une vague ; une autre offre, en fins traits de scie, perçant la plaque de part en part, les attributs du dieu Hotéi ; enfin la quatrième est ajourée de deux grandes crevettes, à longs tentacules, évidés à la scie.
Signées : Massakata, de la province Moussashi.
La dernière est reproduite dans le *Japon artistique*, n° 33.

726. Garde en fer plein, percée à la scie de part en part de deux traits figurant les nuages, et de deux fleurettes de cerisier.
Signée : Massatoshi, habitant de Yedo.

727. — en fer ajouré, incrusté d'or et d'argent. Deux philosophes postés à l'entrée d'une grotte discutent sur le texte d'un rouleau.
Signée : Shunsôken Yozokou.

728. — en fer plein, décorée en bas-relief de deux singes cueillant des fruits de Biwa, et au revers, un autre singe pêche à la ligne, au clair de lune.
Signée : Kawadji Tomotomi, habitant de Haghi, dans la province Nagato.

729. — en fer évidé, représentant deux éventails éployés, portant un décor de fleurs en léger relief.
Signée : Rioumon Sanjin. (Nom de fantaisie, signifiant l'homme des montagnes à la porte du dragon.)

730. — en fer plein, avec rehauts d'or et d'argent. Deux enfants chinois s'amusent d'un combat de coqs.
Signée : Shiugodo Naokaghé.

731. Garde en fer, avec incrustations de shakoudo, d'or et d'argent. Un seigneur assis au milieu des rochers, où coule une cascade, porte un coup de sabre à un fantôme qui s'élève dans les airs en grimaçant.
   Signée : Kioukodo Itshiriu.

732. — en fer ajouré et ciselé. Le motif inscrit dans le cercle se compose d'une branche de chêne, d'une feuille d'érable, et de quelques autres feuilles.
   Signée : Mitsunobou Kwanseido.

733. — en fonte de fer avec légers rehauts d'or. Au droit un dragon en relief, et au revers un glaive surmonté d'un caractère symbolique.
   Signée : Shôsosai Joshiu.

734. — en fer ciselé et découpé à jour avec rehauts d'or. Semis de fleurs de cerisier sur des fougères qui ont deux de leurs tiges repercées à la scie de part en part.
   Signée : Naomitsu de la province d'Inaba.

735. — en fer plein, avec rehauts de bronze, d'or et d'argent. Une paysanne, portant un fagot sur sa tête; son compagnon est couché sur le sol.
   Signée : Minamoto Nagatsuné; Daïjo (gouverneur) de la province Etshizen.

736. — en fer modelé, avec quelques rehauts d'or. Des chevaux en liberté sur une plage.
   Signée : Hidémassa.

737. — en fer plein, gravée en creux d'un vieux sapin, derrière lequel apparaît l'orbe doré du soleil.
   Signée : Shôzui.

738. — en fer plein, incrustée d'argent en reliefs très saillants et d'or. Hérons dans les roseaux.
   Signature : Otsuriuken Shôzui.

739. Garde en fer, ciselé en bas-relief, de deux branches de chrysanthèmes, qui débordent sur le revers.
   Signée : Joshô.

740. — en fer chagriné, sans autre décor.
   Signée : Tetsuguendo Naofussa.

741. — en fonte d'acier, décorée d'un dragon en relief ciselé; il est entouré d'éclairs, figurés par des traits de scie qui traversent le fer de part en part, sans avoir plus de deux dixièmes de millimètre de largeur.
   Signée : Mounénori ; *Cachet* : Nakayama.

742. — en fer avec parties ajourées, à cercle d'argent. Un faucon, exécuté en shibuitshi, est posé sur un tronc d'arbre dont les feuilles sont dorées.
   Signée : Massakouni, habitant de Karatsu.

743. — en fer uni, modelé en relief très doux. Le sujet représente le héros *Assahina* luttant de force avec le diable qu'il avait provoqué.
   Signée : Mori Jomei; d'après un dessin de Hanaboussa Itsho.

744. — en fer plein, incrusté d'or et de shakoudo. Vol d'oiseaux au-dessus des vagues, qui se brisent aux estacades de la berge.
   Signée : Massayoshi, habitant d'Aïdzu, province Oshu.

745. — en fer, gravée au burin d'un petit motif régulier qui couvre toutes les surfaces.
   Signée : Seiriuken Yeiju.

746. — en fer, évidée par parties et incrustée d'or, d'argent et de shakoudo. Un empereur chinois, assis sur une roche, et tenant un rouleau. Son écuyer est debout derrière lui, portant sa lance.
   Signée : Tshikaharu.

747. Garde en fer découpé. Voiles de barques émergeant derrière des cimes de sapins.
Signée : Issagawa Massayoshi.

748. — en fer, creusée en bas-relief, d'un sapin aux fortes ramures.
Signée : Hisatsuné.

749. — en fer découpé et damasquinée par endroits. Le sujet représente un tambour de guerre avec ses baguettes et un bâton de commandement garni de ses lanières de papier.
Signée : Massafussa de la province Moussashi.

750. Paire de gardes en fer ajouré. Vol de cigognes, formant le rond.
Signée : Inouyé Kiyotaka habitant de Haghi dans la province Nagato.

751. Garde en fer uni, décorée en léger relief avec rehauts d'or, d'un vieux prunier, chargé de fleurs.
Signée : Arikawa.

752. — en fer uni, à bourrelet. Elle est gravée en creux, au trait, d'une représentation du dieu Foudo, recevant sur sa tête la chute d'une cascade.
Signée : Iwamoto Kwansaï.

753. — de petit sabre, en fer damasquiné d'un oiseau de Hô, planant au-dessus d'un arbre de paulownia.
Signature : Yassuyuki de Mito, précédée de la mention : d'après un dessin de Hoghen (Kano Motonobou).

754. — en fer, damasquinée sur les deux faces de paysages qui représentent les huit points de vue célèbres du lac Omi.
Signée : Atsuiyé.

755. Garde en fer uni, en forme de gourde, sans autre ornement que deux signes bouddhiques profondément creusés au burin. Elle est d'un grain très doux, et d'une sonorité de cloche.
Signée : Haruda Mouraji Maïko.

756. — en fer ajouré à la lime, d'une branche de camélia en fleurs.
Signée : Kawadji habitant de Hagui, province Nagato.

757. — en fer, ajourée par places et damasquinée de divers tons d'or. Elle représente deux paravents à demi dépliés, et ornés de petits dessins.
Signée : Baïriuken Kiyonaga.

758. — en fer ciselé à jour, avec rehauts d'or. Deux Shojo (esprits de l'ivresse) sont représentés sous un vieux sapin, ayant un grand pot de saké à leurs pieds.
Signée : Sohéshi Sôten, de Hikoné, province d'Omi.

759. — en fer, gravée en creux, au burin, de pivoines ornementales. Elle est enchâssée de cinq motifs en émaux cloisonnés d'or sur argent.
Signée : Guén-o-an de la province Kaga.

760. — en fer, décorée en reliefs très doux, d'une graminée, dont les extrémités sont rendues au moyen d'ajourages à la scie, d'une extrême finesse.
Signée : Katsutsuné.

761. — en fer découpé. Une tige de bambou s'enroulant en cercle.
Signée : Otaka Hironaga.

762. — en fer évidé à la lime d'une poignée de *Nishi*[1].
Signée : Toshihidé, de la province Sado.

---

1. Ce sont des lamelles découpées dans la coquille à nacre appelée *Awabi*. On joint ces petits faisceaux aux objets envoyés en cadeau.

763. Garde en fer ajouré et damasquiné, représentant le combat d'un guerrier avec un monstre à tête de singe, qu'il vient de faire tomber des nuages en l'atteignant de sa flèche.
Signée : Sohéshi Sôten, habitant de Hikoné, province d'Omi.

764. — en fer ciselé, ajourée en quelques places. Le motif est un grand sapin dont les branches s'élargissent en s'étageant.
Signée : Massatshika, de la province Moussashi.

765. — en fer plein, gravée en creux, à grands coups de burin, d'un dragon s'élevant dans les nuages.
Signée : Massatomo, à l'âge de 61 ans.

765 *bis*. — en fer strié, incrusté de bronze et de shibuitshi. Dans une gourde, ouverte sur le côté, un cheval est visible. Un autre cheval, vu de dos, vient de s'en échapper.
Signée : Ko-ounsaï Kosen.

766. — en fer ciselé, cerclé de cuivre, avec application de figures en relief d'or, d'argent et de bronze. Des saulniers viennent puiser de l'eau à la mer. D'autres emportent les seaux vers une cabane contenant la chaudière.
Signé : Sohéshi Nioudô (personnage qui s'est rasé la tête pour entrer en religion). Sôten, habitant de Hikoné.

767. — en fer très évidé. Deux dragons affrontés passent à travers des tortillons enchevêtrés.
Signée : Mitsuhiro, habitant de Yagami, dans la province Hizen.

768. — en fer modelé et gravé. Un tigre sort d'un bois de bambous pour boire à un ruisseau.
Signée : Kanshikan Hidémassa, en l'année V de la période Meiwa (1769).

769. — en fer gravé et ciselé, offrant le buste de l'apôtre Dharma, et sur l'autre face des branches de roseaux sortant de l'eau.
Signée : Seiriusaï Tosharu.

770. Garde en bronze rouge à fond martelé. En bas à droite se tient le puissant guerrier chinois *Kangou* ayant derrière lui son porte-lance.
Signée : Issando Jô-ï.

771. — en bronze rouge, cerclée d'or. Elle est ciselée d'un décor de flots, traversés par un dragon d'or en haut-relief. Au revers le dragon est de shakoudo.
Signée : Gôto Mitsunaga.

772. — en bronze sombre, portant gravé au burin un motif régulier de cercles alternant.
Signée : Gôto Mitsutoshi.

773. — en sentokou avec détails en or incrustés. Le motif représente une très vieille légende chinoise, d'après laquelle un sage, au sortir d'un séjour au palais impérial, se lave l'oreille à l'eau d'une cascade, pour se purifier des blasphèmes entendus. Au revers un autre personnage, accompagné d'un bœuf, symbolise la paix des champs.
Signée : Kôtan.

774. — en sentokou gravé et incrusté. Une cigogne dressée sur ses pattes, et sur la face opposée un vieil arbre de pin.
Signée : Arihiro.

775. — en sentokou, avec applications en relief. Promenade sur l'eau, au clair de la lune.
Signée : Hirotoshi.

776. Vingt gardes en fer évidé, à dessins de plantes et autres motifs.
Plusieurs de ces gardes sont reproduites dans le *Japon artistique*, n° 33.

776 bis. — en sentokou. Elle représente le nombreux cortège d'un daïmio, sous la forme de rats travestis. Sur la face les personnages sont en relief et le gros de la troupe, qui suit au revers, est gravé en creux à la pointe.
Signée : Joghetsusaï Hiroyoshi.

777. Garde en sentokou avec incrustations d'argent et de shibuitshi. Le dragon dans les nuages au-dessus des vagues en fureur.
Signature : Massatoshi, précédée de l'inscription : Kôto (Yedo) Foukagawa (nom de quartier).

778. — en sentokou, découpée à jour, avec rehauts d'or et de shibuitshi. Un vieux lettré chinois, appuyé sur la porte de sa chaumière, déchiffre un rouleau à la clarté de la lune.
Signature : Naotoshi, précédée de l'indication du lieu : Nara.

779. — en sentokou couleur d'acier, représentant une agglomération d'une foule de petits sangliers, modelés en haut-relief et à jour. La tranche est formée par un enlacement d'herbes.
Signature : Mitsuhiro, de Yagami, dans la province Hizen. Au revers l'inscription suivante : Fait en bronze de sentokou.

780. — en sentokou. A l'entrée d'une grotte, figurée par une partie ajourée, se tient un tigre prêt à l'attaque.
Signée : Hiroyassu.

781. — en sentokou, avec détails en or, argent et shakoudo. Un bûcheron lie ses fagots, pour les charger sur un cheval qui se tient près d'un sapin à côté de lui.
Signée : Hirotshika.

782. — en sentokou, gravée au burin. Une grande libellule s'élance à travers les airs vers une tige de roseaux.
Signée : Kanaya Gorossaburo.

783. — en sentokou, incrustée de reliefs en métaux divers. Vol d'oiseaux au-dessus de la mer, qui baigne une plage plantée de sapins. Motif analogue sur les deux faces.
Signée : Yassutshika.

784. Garde en sentokou. L'ovale ménagé au centre pour appuyer la poignée du sabre forme la silhouette d'un héron, gravée en creux. Il se tient sur une patte, dans le marais, et guettant.
Signature suivie du cachet : Yassutshika.

785. — en sentokou avec incrustation d'argent et d'or. Une oie sauvage, nageant dans des flots onduleux.
Signée : Kiokukôtei Kiôkwaku.

786. — de petit sabre en sentokou avec rehauts d'or et d'argent. Deux chauves-souris, voletant l'une sur l'autre, sous le croissant de la lune.
Signée : Mibokou.

787. — en sentokou, incrusté de bronze rouge, de shakoudo et d'argent. La poétesse Mourasaki, compose le Ghenji Monogatari sur une terrasse qui donne sur les jardins, où l'on voit émerger des cimes d'arbres qui sont indiquées au burin.
Signée : Rioyenshi.

788. Deux gardes en sentokou à sujets de personnages.
Signées : Yassutshika.

789. Garde de petit sabre en sentokou martelé, incrustée d'or et de shakoudo. Un crabe est caché sous la cavité d'un terrain où poussent des roseaux.
Signée : Yassutshika.

790. — en sentokou, avec applications de shakoudo. Vol d'oiseaux au-dessus d'un rivage boisé et planté de roseaux.
Signée : Yassutshika et datée du 1er mois d'hiver, 4me année de Yenkio (1747).

791. — en sentokou avec gravure en creux. Le célèbre tireur Tawara Hidésato vient d'atteindre le monstre qu'il était chargé d'exterminer sur l'ordre de l'empereur.
Signée : Mounénaga.

792. Garde en sentokou gravé. Un jeune homme assis, médite dans un paysage agreste, au bord d'un ruisseau.
   Signée : Tsunéshighé.

793. — en sentokou martelé, incrusté d'argent. Ce sont des fleurettes et des pétales qui pleuvent sur le sol, tombés d'un gros cerisier, dont le tronc est gravé au burin.
   Signée : Gôto Mitsuhiro.

794. — en sentokou, gravé au burin d'une plante de cucurbitacée, dont les fleurs sont figurées par des incrustations d'argent.
   Signée : Gôto Mitsuhiro.

795. — en sentokou incrustée en relief de métaux aux couleurs les plus variées. Le décor représente un enchevêtrement de fougères et de hautes herbes.
   Cachet : Yassutshika.

796. — en sentokou, décorée en bas-relief d'un paysage, dominé par le mont Fouji, émergeant des nuages.
   Signée : Haruhissa.

797. — en sentokou, décorée en bas-relief d'un sennin (ascète bouddhique) portant encore la coupe d'où est sorti le dragon dont la tête émerge des nuages.
   Signée : Seizui.

798. — en sentokou, gravée en creux. Un héros, dans une barque, combat le dragon, qui apparaît dans les flots agités.
   Signée : Nagaharu.

799. — en sentokou, représentant un site agreste, où un vieillard, suivi d'un jeune porteur, traverse un pont, qui est jeté sur le torrent.
   Signée : Rioounsaï Tshikatoshi.

800. — de petit sabre en sentokou, représentant un paysage d'automne. Kiosque dans l'eau, et haut dans le ciel un vol d'oies sauvages.
   Signée : Nara.

801. Garde en shakoudo uni, gravée au burin avec détails incrustés de bronze, d'or et d'argent. Dragon dans les nuages.
Signée : YEISHU.

802. — en shakoudo évidé, rehaussé d'or et de divers métaux. Sous un grand sapin qui ombrage une cour de temple, deux prêtres dansent, en frappant du tambour et en agitant le grelot.
Signée : SÔHEISHI NIOUDO (surnom de Sôten), habitant de Hikoné dans la province Omi.

803. — en shakoudo ajouré, rehaussée d'or et d'argent. Les sept lettrés chinois dans la forêt de bambous.
Signée : SÔHEISHI NIOUDO SÔTEN, habitant de Hikoné dans la province Omi.

804. — en shakoudo, à rehauts d'or et d'argent. Vol de trois grues au-dessus d'un jeune pin.
Signée : GÔTO MITSUYOSHI.

805. — en shibuitshi très foncé, incrustée de deux poules en shakoudo, à rehauts d'or, et d'une tige de chrysanthèmes, dont les feuilles sont en émail translucide sur or.
Signée : YAMAMOTO RIURINSAÏ TOMOYASSU.

806. Deux gardes en fer laqué, décorées d'un semis d'ornements en couleurs.

807. Trois gardes en fer incrusté d'argent, décorées d'un poisson ou de dragons dans les nuages.

808. Deux gardes en fer évidé, représentant les ustensiles qui servent dans les fêtes du thé.

809. Garde en fer avec application d'or, d'argent et de bronze; le décor représente le dieu Sousano, combattant le dragon.

810. Deux gardes en fer, damasquinées à dessin de rinceaux et de fleurs.

811. Douze gardes en fer ajouré et damasquiné, représentant des combats ou des scènes légendaires.

812. Garde en fer évidé, dégageant le motif central d'un dévidoir enroulé de fil.

813. — en fer damasquiné par places. Elle représente une pelote de fil.

814. — en fer ajouré, et rehaussé d'or et d'argent. Elle représente le célèbre armurier Mounétskika martelant une lame dans une cour de temple, à l'aide de deux compagnons.

815. — en fer, très finement incrustée, en différents tons d'or, d'une multitude de chevaux, répandus sur les deux faces.

816. — en fer, incrustée en différents tons d'or d'un dessin géométrique, au milieu duquel se distinguent trois médaillons de dragons, qui sont peut-être des armoiries.

817. — en fer plein, cerclée de cuivre doré et bruni. La partie inférieure droite est ornée, en incrustations d'or et d'argent, de branches fleuries où chante un rossignol.

818. — en fer plein, avec rehauts de shakoudo, d'or, etc. Deux oies sauvages piquent sur une rizière, où se reflète le sommet neigeux du mont Fouji.

819. — en fonte de fer, formée d'un enroulement de serpent
   Pièce reproduite dans le *Japon artistique*, n° 33.

820. — en fer évidé et martelé. Un gros tronc de cerisier, dont une branche s'enroule, chargée de fleurs et de boutons.
   Signée : ISSAGAWA MASSAYOSHI.

821. **Garde** en bronze brun mat, cerclée de shakoudo. Elle est décorée sur les deux faces en relief de traits en or, argent, shakoudo et bronze rouge, qui représente une troupe de chevaux en liberté.

822. **Deux gardes** en bronze rouge, avec incrustations de métaux divers représentant des insectes et de petites vrilles feuillues.

823. **Cinq gardes** de petit sabre en bronze rouge. Elles sont incrustées de métaux divers et offrent comme décor des plantes, des insectes, des armoiries ou des paysages.

824. **Garde** en bronze ajourée et émaillée à champlevé, motif de dragon enroulé; le cercle de la garde est laqué de noir.

825. — en sentokou avec reliefs de métaux divers. Un veilleur de nuit, préposé à la garde d'un temple s'aventure dans l'orage, une lanterne à la main.

826. — en sentokou, incrustée d'or et d'argent. Elle représente, ciselées dans la masse, plusieurs divinités bouddhiques. A droite le dieu Foudo entouré de flammes, le glaive à la main et plus bas Kwanon, tenant la fleur de lotus.
Signée : Moumeian Shôrakou.

827. **Deux gardes** en émail cloisonné à fond bleu. L'une représente une carpe nageant sous la chute d'une cascade, et l'autre est décorée d'un semis de feuilles de chrysanthème.

828. **Trois gardes** de petit sabre en émail cloisonné à fond bleu. Elles sont variées de décor.

829. **Garde** en cuivre jaune ajourée et émaillée à champlevé. Chimère au milieu des pivoines en fleurs.

GARDES DE SABRE DU XVIIIe SIÈCLE.

830. Garde en cuivre jaune ajourée. Elle représente un gros arbre de pin, dont le feuillage est rehaussé par des perles d'émail turquoise ou blanc.

831. — de petit sabre en cuivre jaune, décorée d'une guirlande de fleurs émaillées à champlevé.

832. — en cuivre doré et bruni, travail de gravure et de ciselure. Le motif qui offre un dragon dans les nuages, et, sur la face opposée, un tigre bondissant, rend l'image du ciel et de la terre.

833. — en fer modelé. Un vieillard, assis sur un rocher surplombant, pêche à la ligne dans un lac situé au milieu des montagnes.
   Signé : NAKAÏ TOMONOBOU, de la province Nagato.

834. — en fer évidé. Une carpe, accrochée à une branche de bambou.
   Cachet : IWATA.

835. — en fer plein, ornée d'un semis de médaillons chargés de plantes, ciselés en faible relief.
   Signée : ISHIGOURO MASSAYOSHI.

836. — en fer plein incrusté d'or et d'argent. Un vieillard en costume de lettré chinois, joue de la flûte. Au revers un vieil arbre battu par le vent.
   Signée : AKIHIRO.

837. — en fer cerclé de vermeil. Un dragon doré et ciselé la traverse de part en part comme il ferait d'un nuage.
   Signée : YANAGAWA NAOMASSA.

838. — en fer plein modelé, avec applications d'or et d'argent. Foutei, le démon de la tempête, émerge des nuages et ouvre l'extrémité de son outre des vents. Au revers, un arbre dénudé au bord de l'eau.
   Pièce reproduite dans l'*Art japonais* de LOUIS GONSE, tome II, p. 151. (Dessin d'Henri Guérard.)

838 *bis*. Trente-quatre gardes en fer ou fonte de fer ajouré, avec rehauts d'or, représentant des scènes de batailles ou d'autres sujets légendaires.

Nombre de ces gardes portent la signature de Sôten, mais une partie d'entre elles paraissent d'une authenticité douteuse.

838 *ter*. Douze gardes en sentokou, plein ou évidé, à sujets de personnages, d'oiseaux ou de fleurs.

GARDES DE SABRE DU XIX° SIÈCLE

839. Garde en shakoudo, ornée en relief de nuages dorés.
Signée : KANYEISHI NOMOURA KANÉNORI.

840. — en shakoudo, repercée à la scie de manière à figurer une fleur de chrysanthème sur laquelle seraient tombées deux feuilles de la même plante.
Signée : TADATOKI, de la province Moussashi.

841. — en shibuitshi, gravée en demi-relief creux. Deux prêtres assis; l'un d'eux désigne de sa main étendue l'orbe de la lune.
Signée : KIHÔSAÏ SHÔZUI.

842. — en shibuitshi gravée en creux, avec rehauts d'or, d'argent et de bronze. Deux sennins, assis côte à côte, font jaillir des chevaux, l'un de son haleine, l'autre de la vapeur qui sort d'une gourde.
Signée : TSHOKOUZUI.

843. — de petit poignard, en argent strié de nuages en métal noir. Elle est encerclée dans un natté figuré par les tons alternés des métaux les plus divers.

844. — en argent, incrusté d'or et de shakoudo à plat; un oiseau de Hô plane au-dessus d'un paulownia en fleurs. Motif analogue au revers.

845. Garde en fer modelé avec parties ajourées. Une grue s'envole de terre vers les hautes branches de sapin qui se perdent dans les vapeurs.
    Signée : MASSATOSHI, de la province Moussashi.

846. — de sabre de dame, en fer avec rehauts d'or et d'argent. Une silhouette de grenouille, découpée dans le métal est vue de face en raccourci. Une sorte de bourrelet forme le pourtour de la garde, dont le plat est incrusté d'un ruisseau et d'un roseau. Sur la tranche se trouve une poésie en damasquine.
    Signée : ITSUKASHIKI JUWO.

847. — en fer incrusté d'or et d'argent. C'est un sujet historique. L'Impératrice Jingo (VIIIe siècle), en costume de commandant d'armée, confie son enfant nouveau-né à un vieux guerrier.
    Signée : HÔJUSAÏ, cachet : MASSAKAGHÉ et daté 2e année d'Anséi, mois des fleurs (1856).
    Pièce reproduite dans le journal *L'Art*.

848. — en fer modelé, à rehauts d'or. La scène représente un diable devant un saint bouddhique qui entr'ouvre sa poitrine pour montrer qu'il y porte renfermé l'image du divin Çakya Mouni.
    Signée : GHIOKOURIUKEN KATSUHIRO.

849. — de petit sabre, en fer modelé. Un Tanouki (sorte de blaireau) assis au milieu des herbes, au clair de la lune, glapit sa chanson.
    Signée : MASSATOYO, à l'âge de 61 ans.

850. — en fer uni, incrusté de shakoudo, d'or et d'argent. Le dragon sort de l'écume des flots, et s'élance vers les cimes neigeuses du mont Fouji, qui est ceint de nuages à mi-hauteur. Au revers, deux arbres agités par le vent, sur une plage semée de coquillages.
    Signée : YOSHITSUGOU.

851. Garde en fer, découpée à jour, de façon à donner la silhouette d'un lapin à côté d'un tertre boisé.
Signée : Ikakou Hôghen.

852. — en fer plein, décorée en demi-relief, sur les deux faces, d'un vol de grues au-dessus des cimes de sapin.
Signée : Massafoumi.

853. — en fer, avec rehauts d'argent et d'or. Le motif, découpé à jour, représente la légende de la bouilloire changée en blaireau.
Signée : Toshikaghé.

854. — en fer modelé. Un dragon émerge des eaux pour s'élever dans les nuages.
Signée : Itshiriusaï Tomoyoshi.

855. — en fer modelé, et damasquinée de deux dragons en forme de salamandres.
Signée : Akitaka.

856. — en fer rehaussé d'or et d'argent. La partie centrale qui est modelée en bas-relief représente une boule de neige qui figure l'apôtre Dharma sans jambes, vu par derrière. A côté, sur un pêcher couvert de quelques fleurettes précoces, est perché un pigeon.
Signature : Kiyotoshi, précédée par les mots : Fait au pied du Yenzan.

857. — en fer gravé et incrusté. Un hot otoghisu (coucou de nuit), au vol rapide, frôle un gros tronc de sapin.
Signée : Hidétoshi.

858. — en fer incrusté d'or. Dragon émergeant des nuages.
Signée : Motoyoshi, de la ville de Sui (province Hitatshi).

859. — en fer plein, décorée en bas-relief de roues hydrauliques

dans des filets d'eau exprimés en argent. Au revers un semis
de fleurs et feuilles en incrustations de fils d'or et d'argent.
Signée : Hashimoto Ishi.

860. Garde de petit sabre en fer uni, portant en léger relief, à
cheval sur la tranche, un décor de libellules et de papillon, incrustés d'or et d'argent.
Signée : Gôto Mitsuki.

861. — de poignard en fer, ornée en relief d'un prunier à
fleurs d'argent. Sur la face opposée, une plante d'iris en
fleurs.
Signée : Katsumori.

862. — en fer, modelée en relief d'une branche de chrysanthèmes
fleurie, et sur l'autre face d'une branche d'érable.
Cachet : Itshimu.

863. — en fer plein, portant en léger relief, avec quelques rehauts
d'or, un dragon traversant les nuages.
Signature : Yakushi Foudoyen Korémitsu, précédée de
cette légende : Fait à Nagasaki, troisième année d'Ansei
(1859) sous le signe du dragon, un jour d'automne sur
la demande du seigneur Nakadaï Morimassu.

864. — en fer incrusté d'or et d'argent. Un personnage qui
caresse la croupe d'un cheval retourne la tête vers un dragon, qui lui apparaît enveloppé de nuages.
Cachet : Massakata.

865. — en fer, gravée en creux au burin, de paysages chinois sur
les deux faces, reproduisant d'anciennes peintures avec les
poésies qui les accompagnaient.
Signée : Ishi.

866. — en fer, incrusté de reliefs damasquinés. Tigre sous la
pluie au bord d'un ruisseau. Au revers un gros pin plie
sous la tourmente.
Signée : Toshiaki.

867. Garde en fer modelé, avec quelques parties incrustées d'or. Une tortue chimérique au bord des flots écumants.
   Signée : Tshikakata, habitant de Haghi, province Nagato.

868. — en fer, portant en bas-reliefs des bambous éclairés par la lune.
   Signée : Akihidé.

869. — en fer uni, avec applications d'argent et d'or. Deux grues entourées d'herbes et de pousses de sapin.
   Signée : Wada ishin.

870. — de sabre de dame en shakoudo sablé d'or, avec incrustations d'or et d'argent qui font le tour de la tranche. C'est le bouquet de fleurs artificielles que les Japonais accrochent au plafond et qui se termine par de longues tresses de soie multicolore.
   Signée : Kwansaï.

871. — en shakoudo granulé, avec applications d'or et de bronze. Le décor représente deux chimères qui se battent et d'autres chimères qui courent.
   Signée : Yanagawa Naomassa.

872. — en shakoudo granulé. Les reliefs, partie modelés dans la masse, partie incrustés en or, représentent des dragons traversant les nuages.
   Signée : Kounishigué, habitant de Hirado.

873. — en shakoudo granulé et modelé en relief avec détails en or et en bronze. Deux moineaux s'enfuient à tire-d'aile devant un aigle perché sur le tronc d'un sapin.
   Signée : Jugakusaï Ishigouro Massayoshi.

874. — en shakoudo à rehauts d'or, avec parties évidées à jour. Le motif est formé de chrysanthèmes épanouis, qui appa-

GARDES DE SABRE DU XIXe SIÈCLE.

raissent par-dessus une palissade de jardin, faite de bambou tressé.
Signée : MASSATOSHI, habitant de la province Moussashi.

875. **Garde** en shakoudo chagriné, incrusté d'argent et de métaux divers. Grues dans les roseaux.
Signée : GÔTO MITSUYASSU.

876. — en shakoudo, avec incrustations d'or et d'argent. Le dieu Sousano s'apprête, le glaive tiré, à l'attaque du monstre. Les sept vases de saké sont posés devant lui, et au-dessus la jeune captive tenant un rouleau à la main.
Signée : HOKUGAKUSHI GAZAN MASSAHIDÉ.

877. — en shakoudo grenu. Elle est décorée, en relief puissant, d'une statue, l'une des deux qu'on érige comme gardiens de chaque côté des portes du temple. La figure est en bronze rouge avec portions d'or incrusté.
Signée : TÔRIUKEN NORITOSHI.

878. — en shakoudo incrusté d'or et d'argent. Un voyageur est arrêté au bord d'une rivière et contemple un vol de papillons.
Signée : YOSHIHIRO.

879. — en shakoudo chagriné, portant en haut-relief d'or et d'argent ciselé, des branches de pivoines épanouies.
Signée : OMORI YEISHU.

880. — en shakoudo grenu, cerclé d'or, plaqué d'argent et rehaussé d'or. Un sennin (saint bouddhique) assis en face d'une cascade, fait sortir d'une sébille un dragon qui monte vers le ciel.
Signée : OMORI YEISHU.

881. Garde en shakoudo enrichi d'or. Un guerrier reposant sur une plage près de son cheval, contemple un château fort, baigné par la mer.
Signée : Yoshitoshi.

882. — en shakoudo, portant sur fond chagriné une scène guerrière en reliefs rehaussées d'or et d'argent.
Signée : Tamagawa Yoshihissa.

883. — de petit sabre en shakoudo cerclé d'or. Sur le fond mat et uni se détache en relief un liseron en fleurs, au bord d'un ruisseau où poussent des nénuphars. Au revers, d'autres plantes sauvages.
Signée sur plaque d'or incrustée : Sughimoura Norimoto.

884. — en shibuitshi, à décor gravé au burin et incrustée d'or. Un prêtre shintoïste, en costume de gala, exécute une danse mystique à l'entrée d'un temple.
Signée : Omori Yeishu.

885. — en shibuitshi gravé, avec incrustations d'argent et d'or. Le décor représente les deux saints chinois Kanzan et Jittokou, déchiffrant l'écriture d'un grand rouleau.
Signée : Mori Kadzutoshi.

886. — en shibuitshi, avec rehauts d'or et de shakoudo. Une chauve-souris volète devant un clissage, sur lequel s'accrochent les vrilles d'une vigne vierge.
Signée : Tô-ou.

887. — en shibuitshi, décorée de pivoines d'argent et d'une chimère en or.
Signée : Yanagawa Naomassa.

888. — en shibuitshi gravé, avec incrustation d'argent et parties dorées. La lune éclaire un cerf errant dans un jardin

de temple, qui est reconnaissable à la lanterne figurée au revers.
Signée : WATANABÉ TOSHIMITSU.

889. Garde en shibuitshi ciselé, représentant la mer écumante.
Signée : OMORI YEISHU.

890. — en fer plein, avec applications d'argent et d'or. Un héron dans le marais, où poussent de longues tiges de roseaux fleuris. Le revers de la garde présente l'indication d'un ruisseau, avec un semis de feuilles d'eau et des insectes.
Signée : HÔGHEN ITSHIJO.

891. — en shibuitshi uni, décorée en bas-relief d'un saint bouddhique. Il est dans l'eau jusqu'à la ceinture et reçoit sur la tête la chute d'une cascade.
Signée : OMORI YEISHU.

892. — de petit sabre en shibuitshi, incrusté d'argent et de bronze. En haut, à droite, déborde une branche de pêcher en fleurs.
Signée : HASSÉGAWA JUKIO.

893. — en shibuitshi avec incrustations d'or et d'argent. Elle est décorée en relief des sept dieux du bonheur, vus en perspective montante.

894. — en shibuitshi ciselé et incrusté d'or. Le motif représente un épisode de la guerre des Taïra. Guerriers cachés dans le creux d'un tronc d'arbre.
Signée : SAWA YUKIYOSHI.

895. — en shibuitshi uni. A droite, gravé au burin, le dieu de la longévité, tenant déployé un long rouleau d'écriture.
Signée : HIDÉKADZU.

896. Garde en shibuitshi modelé et gravé, avec rehauts d'or. Un faucon est posé sur le tronc incliné d'un sapin, auquel s'enroule de la vigne.
Signée : JUKWAKUSHI ISHIGOURO KORÉYOSHI.

897. — en shibuitshi, avec applications d'argent, d'or et de shakoudo. Grues au bord de l'eau.
Signée : MORITOSHI.

898. — de petit sabre en shibuitshi uni, décorée de fleurs des champs en reliefs de divers métaux. Au revers deux petits papillons.
Signée : IKIOUSAÏ YOSHIYUKI.

899. — de petit sabre en shibuitshi, ciselée en bas-relief de petits paysages, et, au premier plan, un tronc de cerisiers où éclosent quelques fleurs.
Signée : IKEI NOBOUTOMO.

900. — en shibuitshi. Elle est enrichie de reliefs incrustés d'or qui représentent des seigneurs chinois, au devant desquels vient un autre personnage, porteur d'une coupe.
Signée : HAMANO KIOZUI.

901. — en shibuitshi, décorée de bas-reliefs avec rehauts d'or, représentant un épisode de la guerre des Taïra. Scène entre deux officiers dont l'un est caché dans un tronc d'arbre.
Signée : GAIOUNDO HAMANO TSHOKUZUI.

902. — de petit sabre en argent, ciselée d'un motif de vagues. Des rehauts d'or figurent les branches de corail et les nattes de bambou qui, remplies de pierres, protègent au Japon les berges contre l'action des flots.
Signée : YEIJO en collaboration avec MITSUYOSHI.

903. — de petit poignard en argent. Sur un champ grenu, qui contourne les plats ainsi que la tranche, se trouvent incrus-

tées en métaux divers, deux petites feuilles d'érable qui paraissent flotter sur un ruisseau.
Signée : Ito Massatoshi.

904. Garde en fer ciselé avec incrustations en relief d'or et d'argent. Tigre dans le creux d'un rocher, et dragon dans les nuages.

905. Sept Gardes en fer damasquiné ou incrusté, à motifs de rinceaux, de plantes, d'insectes ou de dragons.

906. Garde en fer ajouré, représentant un rond formé par des sacs de riz.
Signée : Toshi-ouji, de la province de Tosa, à l'âge de 72 ans, datée Tempo III (1833).

907. — en fer plein, portant en relief un tigre dont la robe est rayée d'or. Il est assis sous des bambous et se lèche la patte.
Signée : Massamitsu.

908. Deux gardes en shakoudo modelé et incrusté d'or. Dragons dans les nuages.

909. — en shakoudo incrusté, à décor de personnages.

910. — de petits sabres en shakoudo chagriné, portant des incrustations d'or, d'argent et de bronze; décors d'oiseaux.

911. Garde en shakoudo évidé et modelé, représentant les jeux des écureuils au milieu de la vigne touffue. Les ouvertures pratiquées pour le passage des petits couteaux du sabre ont été bouchées par des plaques en or ciselé.
Il en manque une sur l'un des côtés.

912. Garde en shakoudo uni, portant en reliefs rehaussés d'incrustations d'or, des plantes sauvages en fleurs, au-dessus desquelles volètent deux papillons.

913. Garde en shakoudo modelé, représentant les vagues écumantes traversées par un dragon en relief d'or ciselé.

914. — dont le revers est en fer, et la face en shakoudo chagriné et incrusté de fils d'or, représentant deux dragons en forme de salamandres. La tranche est incrustée d'or au pourtour.

915. — de petit sabre en shakoudo, incrusté de métaux de tons divers et d'or. C'est le sujet légendaire de Bouddha et des deux grands philosophes chinois groupés autour d'un vase à saké, dont le contenu a pour chacun un goût différent.

916. — de petit sabre en shakoudo, avec rehauts d'or incrustés sur la tranche, qui représentent l'oiseau de Hô, et une branche en fleurs.
Signée : SHUKIO. — *Cachet* : Kôsaï.

917. Trois gardes en shakoudo ciselé, à rehauts d'or, représentant des fleurs et des feuillages.

918. Garde en shakoudo gravé, imitant les flots écumants, où apparaissent et disparaissent deux dragons incrustés en or de relief.

919. — en shakoudo poli, incrusté d'or et d'argent. Une oie sauvage sous les roseaux. Au revers le disque de la lune sort des nuages.

920. — en shakoudo grenu, imitant la peau de serpent. Elle est semée, en or ciselé, de la fleur impériale du paulownia.
Cachet d'or indéchiffrable.

921. — en shakoudo. Sur un fond d'herbe indienne, évidée en léger relief, s'enlève un semis de fleurs, vues de face.

922. — en shibuitshi ciselé, et incrusté de reliefs en or, argent et en shakoudo. Un guerrier des anciennes époques s'élance dans les flots, monté sur un cheval fougueux dont le corps contourne la tranche de la garde.

923. Garde en shibuitshi, gravée en bas-relief d'un sennin (ascète bouddhique) qui fait naître dans son haleine une petite figure d'homme.

924. — en shibuitshi, à reliefs de métaux divers. Sous un store, dont l'extrémité est indiquée en haut, à droite, passe la boule de fleurs aux longues cordelières de soie de couleur, qui s'accroche au plafond des appartements japonais.
Signée : Tôkaô Hideaki.

925. — de petit sabre en cuivre, recouverte d'une mince couche de laque argenté. Les détails en or représentent un village de pêcheurs au bord de la mer, où l'on distingue les voiles des bateaux. Imitation d'une garde en shibuitshi qui serait incrustée d'or.

926. Paire de gardes en bois laqué d'or et d'argent. Elles sont semées sur les deux faces de motifs circulaires, alternés de fleurs et d'oiseaux fantastiques.
Signées : Tsunéyoshi.

927. Garde en fer plein, à bas-reliefs, représentant des singes réfugiés dans une grotte, avec un vaste paysage au revers.
Signée : Tomonobou, vieillard de plus de 70 ans, ancien Samuraï du prince de Nagato, de la ville de Tsu-ama.
Pièce reproduite dans l'*Art japonais*, tome II, p. 151. (Dessin d'Henri Guérard.)

928. — en fer plein, ciselée de trois grues s'élevant au-dessus des eaux écumantes.
Signée : Saki Tomonobou, de la ville Tsuama, vassal du prince Nagato.

929. Deux gardes en fer plein, décorées en reliefs d'or et d'argent à sujet d'insectes et papillons.

930. Garde en fer plein, décorée en reliefs d'or et d'argent à motif de vagues.

GARDES DE SABRE DU XIXᵉ SIÈCLE.

931. **Trois gardes** en fer plein, décorées en reliefs d'or et d'argent, à motifs de fleurs.

932. **Quatre gardes** en fer plein, damasquinées d'or et d'argent, à décors variés.

933. **Deux gardes** de petits sabres, en fer damasquiné à décors de fleurs ou d'oiseaux de Hô.

GARDES MODERNES

934. **Garde** en shibuitshi, avec parties gravées en creux, et d'autres à demi-relief. Le décor représente une plante de lotus, dont certaines portions sont exécutées en argent ou en bronze incrusté.
Signée : Ippak'saï Noritsugou.

935. **Grande garde** de sabre en bronze, représentant le dieu Daïkokou ouvrant son sac pour y laisser pénétrer les souris. L'une d'elle est déjà à moitié entrée; deux autres courent au revers de la garde, tenant chacune une monnaie d'or dans la bouche.
Signée : Seirioken Suimin.

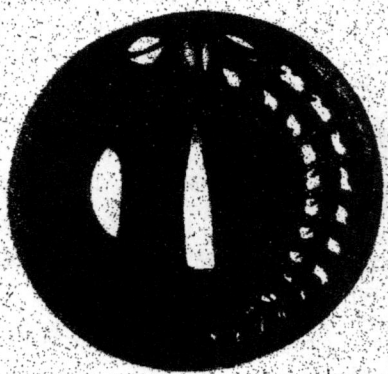

GARDE EN FER.
(N° 776 du Catalogue).

KODZUKA[1]

KODZUKA DU XVIᵉ SIÈCLE

936. Kodzuka en fer, de grande dimension, portant en relief un gros mille-pieds en shakoudo et bronze rouge, avec détails en or.

937. — en fer, de grande dimension, avec parties en relief et damasquiné par places. Le prince Yoshitsuné caché dans un tronc d'arbre.

938. Vingt et un kodzuka en fer incrustés d'or. Motifs d'ornement.

939. Deux kodzuka en fer rugueux, semés de pépites d'argent.

940. Cinq kodzuka en fer, incrustés d'ornements de cuivre.

[1]. Les *kodzuka* sont de petits couteaux dont la lame se glisse dans l'épaisseur du fourreau de sabre; le manche, restant à découvert, contribue à l'ornementation de l'arme.

KODZUKA DU XVIIᵉ SIÈCLE

941. **Kodzuka** en fer, incrusté d'or et de shibuitshi en haut-relief. Fourmis autour de quelques débris de tuiles.
Signé : Hirano Tomomitsu.

942. — en fer ciselé, avec incrustation d'argent. Le mont Fouji avec sa cime neigeuse.
Signé : Shôrakou.

943. — en fer modelé et ciselé. Dragon dans les flots. Le revers est une plaque de cuivre strié.
Signé : Ishinsai Shirio.

944. — en fer, portant en reliefs incrustés le sujet du guerrier qui écrit sur un tronc de cerisier un poème chinois, dont le sens caché doit faire espérer à l'empereur Godaïgo sa prochaine délivrance des mains de l'ennemi.
Signé : Hamano Shôzui.

945. — en fer ciselé, avec rehauts d'or et d'argent. Le décor représente deux longues flèches couplées. L'extrémité est ornée d'un lapin ajouré dans l'épaisseur du fer.
Signé : Oumétada Hitshizayémon Itshiriou Shighéyoshi.

946. — en fer incrusté de cuivre. Oiseau sur une branche de prunier fleurie. Le revers porte, gravée au burin, une figure d'aveugle, muni de sa guitare, et des stries simulant une averse.

947. — en fer modelé, figurant une poignée de sabre tressée.

948. — en shakoudo, modelé en bas-relief. Un cerf passe en courant sous les branches étendues d'un érable.

949. Kodzuka en cuivre, avec plaque de shakoudo granulé, portant pour décor le mont Fouji en émail, serti et cloisonné d'argent. Le revers est incrusté de deux feuilles d'érable, l'une en shakoudo, l'autre en bronze rouge.

950. Dix kodzuka en fer incrustés, décorés de motifs variés.

KODZUKA DU XVIIIe SIÈCLE

951. Kodzuka en fer, avec applique de skakoudo et de bronze en relief et détails en or.
Le sujet représente le héros *Benkei* qui fait mine de lire son passeport. A terre le bâton qui a servi à battre son jeune maître Yoshitsuné. Revers en bronze strié.
Signé : Jo.

952. — en fer, doublé d'argent. Il est décoré, en incrustations d'or et d'argent à plat, d'une de ces boules de fleurs artificielles à longues tresses en soie de couleurs, qui se suspendent au plafond.
Signé : Gôto Seijo.
Il est monté d'une ancienne lame d'acier, *signée :* Toshima Massatomo.

953. — en fer, portant des appliques d'or et d'argent. Le sujet représente le cheval, peint par le célèbre Kanaoka, s'échappant de son cadre. Dans ce cadre, qui est représenté au revers, figure encore le petit singe qui retenait le cheval par une corde.
Signé : Seijo (famille des Gôto).

954. — en fer ciselé, avec incrustations d'argent, d'or et de shakoudo. Une carpe saute dans la cavité d'un rocher baigné par les eaux, d'où émerge un autre petit poisson.
Signé : Nagayoshi.
Il est garni d'une lame d'acier ancienne.

955. Kodzuka en fer, avec applications d'or et de shakoudo. Un danseur de premier de l'an, portant sur l'épaule les attributs de circonstance.
Signé : Ton-an Sômin.

956. — en fer ciselé avec applications d'or. Vol de trois oiseaux au-dessus d'une longue vague qui déferle.
Signé : Massayuki.

957. — en fer ciselé, portant en relief les armes trois fois répétées de la famille d'Assano (deux plumes de faucon en sautoir).
Signé : Nomoura Massahidé.

958. — en fer ciselé avec incrustation d'argent en relief. Le poète chinois Rihakou déployant un rouleau. Au revers se trouve gravé le fragment d'une poésie composée par ce savant.
Signé : Tshokouzui.

959. Deux kodzuka en fer. Une branche de sapin ciselée s'enlève sur l'orbe du soleil, figurée en damasquine. L'autre pièce est incrutée d'attributs guerriers en argent.
Signés : Otsuriouken Mibokou.

960. Kodzuka en fer, gravé en relief à peine sensible, de deux sennin (ermites bouddhiques). L'un tient un marteau de temple et l'autre un gros crapaud.
Deux cachets en or incrustés : Jô-i.

961. — en sentokou modelé. Buste apparaissant en bas-relief dans un cercle. Au revers on distingue une boule de neige, exprimée par un léger pointillé. C'est une allusion au philosophe chinois qui, dépourvu de ressources, étudie ses livres à la lumière reflétée par la neige.
Cachet d'or : Yeishun (surnom de Nagatsuné?).

962. Deux kodzuka en sentokou gravés au burin, l'un représente un dragon, l'autre des papillons.
 Signés : Mitsuoki. La pièce décorée du dragon porte en outre le nom de famille : Riukoudo.

963. Kodzuka en sentokou figurant un tronc de cerisier.
 Signés en or incrusté : Riutshikou.

964. — en sentokou granulé, représentant une nuit d'automne. La lune, émergeant des nuages, éclaire un ruisseau vers lequel pique un vol d'oies sauvages.
 Signés : Takénooutshi Hirotsugou, élève de Otsuki Mitsuhiro.

965. — en sentokou, incisé au burin, avec quelques incrustations d'or et d'argent à plat. Motif : une touffe d'herbes fleuries.
 Signé : Riobounyusai Toyotoshi.

966. — en sentokou, gravé en creux d'un dragon qui s'enroule tout autour de la pièce.
 Signé : Yeiju.

967. — en sentokou, gravé en creux d'une tête de dragon et d'une queue de tigre; allusion aux emblèmes du ciel et de la terre.
 Signé : Seiounken Hiroshighe.

968. — en sentokou gravé et incrusté en relief. Grue debout sur un tronc de sapin.
 Signé : Shôzui.

969. — en sentokou avec reliefs et coups de burin. Un cheval entraîne son conducteur, qui s'était réfugié sous un sapin pendant l'orage.
 Signé : Hirotoshi.

970. **Deux kodzuka** en sentokou, incrusté de reliefs en shakoudo et de bronze rouge. Le dieu de la longévité à mi-corps, la figure épanouie.
Signé : FOUKAYA TSHIKANO.

971. **Kodzuka** en shakoudo chagriné portant en reliefs rehaussés d'or des chevaux en liberté. Le revers est gravé en creux dans du cuivre doré, de chevaux et de bœufs dans un pâturage.
Signé : SOKOUJO. Les ornements par KÔRI (famille des GÔTO).

972. — en shakoudo chagriné, décoré en relief du dieu Daïkokou au milieu de ses sacs de riz.
Signé : GÔTO TAÏJO.

973. — en shakoudo modelé à rehauts d'or, d'un décor qui représente les flots avec des roues hydrauliques. Au revers, en gravure au burin, un rivage boisé et un vol d'oiseaux au-dessus de la mer.
Signé : YATSUSHIKA.

974. — en shakoudo mat, portant en reliefs d'or et d'argent des tiges de pièles de marais, nouées avec la serpette servant à les faucher.
Signé : GÔTO MITSUYOSHI.

975. **Trois kodzuka** cuivre rouge, sentokou ou fer.
Signés : YATSUSHIKA.

976. **Kodzuka** en métal laqué. Une jeune femme, en costume archaïque, contemple un seau renversé à terre.
Signé : JOKASAÏ.

977. — en cuivre, incrusté de shakoudo. Grouillement de fourmis sur le sable.
Signé : ZÉRAKOU.

978. Kodzuka en bronze rouge, gravé en bas-relief, richement incrusté d'argent et d'or. Un empereur chinois s'égaye à la lecture d'un livre. Son porte-lance est debout derrière lui.
Signé et cachet en or : Itsando-Jôï.

979. — en shibuitshi gravé au burin. Le dieu Hotei et les enfants.
Signé : Fouroukawa Jôtshin.

980. — en bronze chagriné, incrusté de shakoudo à rehauts d'or. En bas un tronc de sapin et plus haut des branches de saule.
Signé : Yanagawa Tsurétoshi.

981. Deux kodzuka en fer ciselé, représentant l'homme aux longs bras et l'homme aux longues jambes.

982. Trois kodzuka en fer ciselé. Décors de paysages.

983. Cinq kodzuka en fer ciselé. Décors d'animaux.

984. Kodzuka en fer ciselé et à reliefs de shakoudo. Un sennin (ermite bouddhique) laisse échapper de sa gourde deux chevaux caracolant. Le revers, qui est en shibuitshi, est gravé en creux d'une grande quantité de chevaux en liberté.
Signé : Itsando-Jôï.

985. Quatre kodzuka en fer gravé en creux, à motifs de personnages légendaires.

986. Kodzuka en fer gravé en creux. Serpent enroulé.

987. — en fer incrusté. Grue dans un marais.

988. — de petit sabre, en fer, garni de sa lame d'acier. Il est damasquiné en or jaune de nuages au milieu desquels se tord un dragon, figuré en relief d'or rouge.

989. Kodzuka en fer, incrusté en relief d'un semis de coquillages en métaux différents. Il est accompagné d'une lame d'acier ciselée et incrustée.

990. Trois kodzuka en fer, damasquinés à motifs de dragons ou de l'oiseau de Hô.

991. Kodzuka en fer, avec incrustations de corail. Arbre de camélia en fleurs. Les feuilles sont en émail cloisonné.

992. Dix-huit kodzuka en fer incrusté, à sujets d'animaux.

993. Quinze kodzuka en fer incrusté, à sujets de fleurs, d'arbres ou de plantes.

994. Sept kodzuka en fer incrusté, à sujets de paysages.

995. Trois kodzuka en fer incrusté, à sujets de personnages.

996. Kodzuka en sentokou, incrusté de reliefs d'argent. Deux singes dans un creux de rocher. L'un soutient l'autre par un bras, pour lui permettre de cueillir une fleur de nénuphar, qui pousse dans un ruisseau.
Signé : ROSEN.

997. Deux kodzuka en sentokou ; l'un d'eux imite un travail de vannerie nattée, et l'autre est gravé en creux d'un motif de rinceaux.

998. Cinq kodzuka en sentokou incrusté d'or et d'argent en relief. Décors d'animaux et de personnages.

999. Kodzuka en sentokou gravé. Le sennin Gama (ermite bouddhique) portant sur son épaule une grenouille.

1000. — en shakoudo, décoré d'émaux cloisonnés d'or. Le mont Fouji, à cime neigeuse, se détache en émaux de couleurs sur le fond noir et uni du métal. Des rehauts d'or et d'argent figurent des rochers au premier plan.

1001. **Dix kodzuka** en shakoudo. Ils sont décorés en reliefs d'or de nombreux personnages, et représentent pour la plupart des scènes de batailles.

1002. **Deux kodzuka** en bronze rouge gravé. Motifs d'ornements.

1003. **Kodzuka** en bronze rouge, portant, en relief d'argent ciselé, un glaive de forme bouddhique.

1004. **Cinq kodzuka** en bronze incrusté. Décors d'animaux.

1005. **Trois kodzuka** en bronze incrusté. Motifs de plantes et de fleurs.

1006. **Kodzuka** en cuivre doré, sertissant une plaque de shakoudo granulé, qui est décorée du mont Fouji en émaux translucides sur or.

1007. — en cuivre doré, gravé en creux d'un joueur de flûte monté sur un bœuf.
Signé : Yanagawa Naoshighé.

1008. **Kodzuka** en cuivre doré, décoré en incrustations d'argent très saillantes, d'un bois de cerisiers, surchargés de fleurs touffues.

1009. **Deux kodzuka**, décorés d'ornements en émaux translucides sur or.

1010. — **Kodzuka** en émail cloisonné sur cuivre.

1011. — en sentokou gravé à rehauts. Un paysan à cheval, fumant sa pipette.
Signé : Norinao.

KODZUKA DU XVIIIᵉ SIÈCLE.

1012. Kodzuka en sentokou incrusté d'or. Le décor est formé d'une cigale en haut-relief et d'une sentence non déchiffrée, qui sert d'ornementation.
Cachet : RIUTSHIKEN.

1013. — en fer, doublé de shibuitshi au revers. Il est semé, en argent et en shakoudo, d'une araignée d'eau et d'autres insectes des mares. Le fer porte en léger relief l'indication des ronds sur l'eau.
Signé : HAMANO KIÔZUI.

1014. — en fer ciselé, incrusté d'or et d'argent. Deux cigognes très élancées, l'une devant l'autre. Le revers est incrusté, en or à plat, d'une tige de bambou.
Signé : SHO-OUSAÏ MOTOTSHIKA.

1015. — en fer, avec application, en haut-relief, d'or, d'argent et de bronze. Un jeune homme, appuyé sur le rebord de sa chaumière, lit attentivement à la lumière de la lune. C'est un pendant aux légendes chinoises qui représentent des lettrés pauvres, qui étudient le soir, en s'aidant du reflet de la neige ou de la lueur des lucioles, rassemblées dans une cage.
Le revers du manche est en shakoudo richement poudré d'or.
Signé : KIKOUGAWA NAMPO.

1016. — en fer, décoré en émaux translucides sur or, d'un liseron en fleur. Le revers est en shibuitshi.
Signé : HIRATA HARUNARI.

1017. — en fer, avec application en relief d'argent et d'or. Une cigogne, debout, vue de dos. Revers en shakoudo.
Signé : OTSURIUKEN MIBOKOU.
Il est monté sur une lame d'acier ancienne.

1018. Kodzuka en fer ciselé avec incrustations d'or et d'argent. Vue d'une plage au coucher du soleil. Un cerisier en fleurs, et des oiseaux volant au-dessus des flots.
Signé : SONOBÉ YOSHIHIDÉ.
Il est monté sur une lame d'acier ancienne, portant outre deux pièces de poésie la signature : KOUNITÉROU.

1019. — en fer ciselé à rehauts d'or. Oies sauvages dans les roseaux.
Signature : SHÔZUI, précédée de la mention : à l'âge de 73 ans passés.

1020. — en fer modelé, avec rehauts d'or. Une oie sauvage sous les roseaux.
Signé : SEIKÔSAÏ NAOYUKI.

1021. — en shakoudo, décoré en émaux translucides sur or d'une branche de bégonia et d'un papillon. Les fleurs sont en bronze rouge. Le revers est en shibuitshi.
Signé : HIRATA HARUNARI.

1022. — en shakoudo chagriné, décoré en appliques d'or et d'argent du dieu Daïkokou entre son sac rebondi et ses ballots de riz.
Signé : GÔTO DENJIO.

1023. — en shakoudo chagriné, orné de reliefs rehaussés d'argent et d'or. Des oies sauvages sont posées dans une rizière, sur laquelle deux autres vont s'abattre.
Signé : GÔTO JINJO.

1024. — en shakoudo chagriné, avec saillies d'or et de bronze Le dieu des guerriers, Bishamon, tenant dans ses mains la pagode mystique.
Signé : SÔMIN.

1025. — en shibuitshi, avec cartouche en shakoudo chagriné portant, en reliefs d'argent et d'or, un dévidoir de fil de soie.
Signé : GOTO TAÏJO.

1026. Kodzuka en shibuitshi avec cartouche de shakoudo chagriné, encadré de cuivre. Le décor, à rehauts d'or, représente un oiseau sur la branche d'un gros pin.
Signé : GOTO MITSUFUMI.

1027. — en shibuitshi gravé au burin. Le dieu Hotei dans une barque se penche pour cueillir des roseaux qui émergent des flots.
Signé : MASSAYOSHI.

1028. — en shibuitshi, gravé en creux avec détails d'or et d'argent. On distingue les deux rives d'un fleuve, traversé par un pont bondé de promeneurs.
Signé : MASSAMORI.

1029. — en shibuitshi décoré d'un tigre sous l'averse. Travail de gravure, la tête seule en relief.
Signé : TOSHIYOSHI.

1030. — en shibuitshi, gravé en bas-reliefs des saints chinois Kanzan et Jittokou.
Signé : SADAMOTO.

1031. — en shibuitshi, représentant, en reliefs très doux, l'amorce d'un pilier de pont battu par les flots, où se reflète en argent le disque lunaire.
Signé dans un cartouche d'or : TÉROUTADA.

1032. — en shibuitshi, gravé au burin en creux profond. Un enfant accroupi dans un bain, reçoit une douche que le frère aîné lui verse d'une bouteille.
Signé : SÔMIN.

1033. — en shibuitshi, incrusté d'argent et d'or. La lune éclaire le Foujiyama, au sommet neigeux.
Signé : GOTO MITSUFUMI.

1034. Kodzuka en shibuitshi, gravé en creux avec quelques détails en or. Les deux gardiens du temple luttent de force au moyen d'une corde passée derrière le cou de chacun.
Signé : HIRATA HARUNARI.

1035. — en shibuitshi gravé en creux, avec détails en or. Vieillard lisant un rouleau sous les bambous.
Signé : SHUFOUTEI.

1036. — en shibuitshi, portant, en or et argent de relief, une jardinière fleurie, accompagnée d'un éventail fermé.
Signé : KENKOSAI KADZUTSHIKA.

1037. — en shibuitshi, gravé en bas-relief, avec parties d'or et d'argent, d'une figure de jeune seigneur.
Signé : SHIUMIN.

1038. — en shibuitshi gravé et ciselé avec rehauts d'or. Le dieu de la longévité, debout sur un nuage, se penche vers la cigogne que l'on voit, au revers, voler vers lui.
Signé : KOKUSHINSHI.

1039. — en shibuitshi à travail de relief, représentant des bambous en shakoudo avec rehauts d'or.
Signé : KAYO.

1040. — en bronze rouge, gravé au burin de trois chevaux gambadant en liberté. Poésie au revers, célébrant la matinée printanière où le jeune poulain pousse des hennissements joyeux.
Signé : SEIRIOUKEN HAMANO NAOYUKI.

1040 bis. Huit kodzuka en fer, incrusté de motifs variés.

KODZUKA DU XIXᵉ SIÈCLE

1041. **Kodzuka** en shakoudo granulé, portant en relief des touffes d'herbes fleuries à rehauts d'or et d'argent sur le bord d'un ruisseau.
Signé : Kankoken Tomoharu.

1042. — en shakoudo serti de cuivre. Le décor, en relief, représente la poétesse Komatshi, vieille et errante. Elle est arrêtée au bord d'un ruisseau ombragé par un saule.
Signé : Mototshika, élève de Shôkatei.

1043. — en shakoudo uni, incrusté d'un pigeon piétinant deux flèches. L'oiseau est d'argent en plein relief. Revers en shibuitshi gravé au burin d'un sapin.
Signé : Seiounsha Tôhô.

1044. — en shakoudo chagriné, portant en reliefs rehaussés d'or le bâton et le rouleau du patron des lettrés.
Signé : Gotô Kiyotsuné.

1045. — en shakoudo chagriné, portant en relief un groupe compact de sept grues.
Signé : Kankoken Tomoharu.

1046. — en shibuitshi, ciselé en bas-reliefs avec fines applications d'argent et d'or. La déesse Kwanon, assise sur un rocher au bord de la mer, regarde le reflet de la lune dans les eaux.
Signé : Kankoshi Noboutomo.

1047. — en shibuitshi mat, sur lequel se détache, en réserves jaunes luisantes, une branche d'arbre portant un oiseau.
Signé : Shôhô.

KODZUKA DU XIXe SIÈCLE.

1048. Kodzuka en shibuitshi, légèrement rehaussé d'or et d'argent. Une cascade tombe à pic du haut d'un rocher. Le revers est incrusté d'un semis délicat de fleurettes, et gravé en creux d'une poésie.

Signature sur cartouche d'argent : Itshijo (famille des Goto).

1049. — en shibuitshi, portant en argent de relief, avec des détails en or, un vol de deux papillons au-dessus de quelques poussés d'herbes.

Signature : Goto Hokio Itshijô, précédée d'une poésie qui a trait au sujet.

1050. — en shibuitshi, intaillé au burin d'une famille de cigognes avec détails en or et en argent.

Au revers, le disque du soleil en or, sur lequel passe une branche de sapin gravée en creux.

Signé : Atsuoki et daté 1851.

1051. — en shibuitshi, décoré d'un dragon en bas-relief avec quelques rehauts d'or.

Signé : Itshiriusai Atsuaki.

1052. — en shibuitshi à reliefs, avec incrustation d'or et d'argent. Un jeune prêtre est agenouillé devant un autel où brûle le sacrifice.

Signé : Rijo (famille des Goto).

1053. — en cuivre doré, à cartouche de shakoudo chagriné. Il est orné d'une application d'or, en relief ciselé, représentant un brûle-parfum.

Signé : Mon Kenjo et plus bas : Mitsuterou (famille des Goto).

1054. — en cuivre doré, à cartouche de shakudo chagriné. Il porte, en application d'or et d'argent de relief, le vol d'une grue portant sur son dos le dieu de la longévité.

Signé : Goto Mitsuteru.

1055. **Kodzuka** en cuivre rouge finement strié, avec appliques d'argent en relief. Un gros poisson tacheté est posé à côté d'un nœud en papier.
Ce dernier porte la signature : Goto.
Le revers, en shibuitshi, est semé d'aiguilles de sapin en or et porte gravées en creux une poésie et la signature : Itshijo.

1056. — en cuivre doré, à cartouche de bronze rouge chagriné. Il est orné en relief de deux hirondelles, l'une de shakoudo et l'autre d'argent.
Signé : Mon Tsujo et plus bas Mitsutaka (famille des Goto).

1057. — en cuivre doré, à cartouche de shakoudo chagriné. Il porte en relief une caille en shakoudo tachetée d'or, et une autre en or ciselé.
Signé : Goto Senjo.

1058. — en bronze rouge finement chagriné avec applications d'argent, d'or et de shakoudo. Un sanglier s'élançant des hautes herbes de marais.
Signé : Rakouwosai Mitshiyoshi.

1059. — en bronze, doublé au revers d'une lame d'or, sur laquelle sont gravés des papillons voltigeant. Au droit on voit, gravé en relief, le philosophe chinois Tshouang-tsen plongé dans la lecture.
Signé : Mitsuoki.

1060. — en bronze rouge, gravé en creux d'un fruit de gourde, pendant à sa tige garnie de feuilles. Le revers, en shakoudo, porte une poésie célébrant les couleurs toujours changeantes de cette plante.
Signé : Hoghen (titre) Haruaki.

1061. Kodzuka en shibuitshi avec or incrusté. Coucher de soleil derrière une chaîne de montagnes.
Signé : KWANSAÏ et daté 1868.

1062. — en argent, garni d'une ancienne lame d'acier. Pivoines gravées en creux avec portions d'or incrustées.
Signé : HARUSHIMA NOBOUMASSA.
La lame est signée : TIYOTSURU.

1063. — en argent, garni d'une ancienne lame d'acier. La ciselure représente l'enroulement d'une vague écumante.
Signé : MASSAMITSU.
La lame est signée : SHITSUSABURO MINAMOTO KANÉOUJI.

1064. Petit kodzuka en argent ciselé à rehauts d'or. Branche de pivoine fleurie, battue par l'averse.
Signé : JUKODO TOMOYOSHI.

1065. Quatre kodzuka en métal laqué, à motifs d'oiseaux.
Signés : TSUNÉYOSHI.

1066. Kodzuka en métaux mélangés. Le décor représente une carpe remontant une cascade, image de la ténacité.
Signée : TO-OU.

1067. — en or, avec application en bas-relief d'un tigre en fer.

1068. — en argent modelé, avec applications d'or. Une cigogne s'abat sur une grève semée de coquillages.

1069. — en métal laqué. Des méandres, tracés en or sur fond gris, simulent un ruisseau, où se distingue le reflet de la lune, qui est figurée en un disque d'argent.
Signé : YOYUSAÏ.

1070. Sept kodzuka en cuivre avec plaques de shakoudo chagriné, ornées de reliefs or et argent.

1071. Kodzuka en shakoudo incrusté d'or. Il porte en relief une divinité bouddhique écrasant le diable, et portant une pagode dans sa main.

1072. Quatre plaques de kodzuka en shakoudo, incrustés d'or et d'argent. Les motifs représentent des ponts, des cigognes ou des robes jetées sur un chevalet.

1073. Quatre kodzuka en shakoudo, incrustés d'animaux en relief.

1074. Trois kodzuka en shakoudo, incrustés de fleurs en relief.

1075. Quatre kodzuka en shakoudo, incrustés en relief d'attributs variés.

1076. Trois kodzuka en shakoudo, incrustés en relief de paysages.

1077. Deux kodzuka en shakoudo, incrustés en relief de scènes à personnages.

1078. Deux kodzuka en shakoudo damasquiné. Insectes dans les herbes ou dans les feuillages.

1079. Quatre kodzuka en shakoudo chagriné, portant une poésie en or de relief. Ils sont accompagnés chacun d'une lame ancienne, portant sur un cartouche, creusé dans l'acier, un motif ciselé et doré.

1080. Kodzuka en shakoudo, ciselé à rehauts d'or. La fleur de paulownia avec ses feuillages.

1081. Deux kodzuka en shibuitshi, incrustés en bas-reliefs d'or et d'argent de sujets à personnages.

1082. Deux kodzuka en shibuitshi avec décors en relief, l'un d'une cigogne et l'autre de flocons de neige.

1083. Kodzuka en shibuitshi, portant en haut-relief un colimaçon en métal doré.

1084. — en shibuitshi incrusté et gravé. Cortège de renards travestis, parodiant les promenades cérémonieuses des grands seigneurs. Les premiers personnages qui figurent au droit de la pièce sont incrustés en reliefs d'or, tandis que le gros du cortège est finement entaillé au revers.

1085. Deux kodzuka en shibuitshi, gravés au burin. L'un représente un archer et l'autre les vagues de la mer, derrière lesquelles apparaît le croissant de la lune.

1086. Trois kodzuka en shibuitshi, décorés à plat, de feuillage ou de fleurs.

1087. Trois kodzuka en shibuitshi, à motifs de vagues, d'oiseaux ou d'ossements humains.

1088. Kodzuka en shibuitshi, gravé au burin d'une tige de pivoine épanouie, battue par la rafale. Le revers consiste en une plaque de bronze brun.

1089. Trois kodzuka en fer incrustés. Ustensiles de guerriers. Attributs de commandement, tasse à boire qui s'accroche à la selle, ou flèche.

1090. Cinq kodzuka en fer incrustés d'argent. Décors divers.

KOGAI[1]

KOGAÏ DU XVIIIᵉ SIÈCLE

1091. Kogaï en shakoudo avec l'extrémité en or. Le décor représente en relief un oiseau de Hô en argent, tenant au bec une fleur d'or.
Signé : Goto Mitsuyoshi.

1092. — en cuivre doré. Le décor, sur plaque de shakoudo chagriné, représente le combat du jeune Yoshitsuné contre Benkei.
Signé : Goto Shujo.

1093. — en fer, damasquiné d'une langouste en or sur plaque de shakoudo unie.
Signé : Goto Seijo.

1094. — en bronze rouge, décoré en relief incrusté. Un empereur Chinois est assis devant une table sur laquelle il a posé son livre fermé.
Signé : Ghiokou Ounsaï.

1095. — en shibuitshi et bronze. Il est ciselé d'un motif de vagues, charriant des fleurs de paulownia en or.
Signé : Harushima Noboumassa.

1. Les *kogaï* sont des aiguilles de métal qui s'insèrent dans l'épaisseur du fourreau du sabre, du côté opposé à celui du kodzuka.

1096. Kogaï en sentokou gravé au burin. Un saint bouddhique traverse les flots à dos de poisson.
Signé : Kenrioushi Nagayoshi.

1097. — en fer incrusté de bronze et d'or. Un singe assis par terre se saisit d'un papillon.
Signé : Tshioriusaï Toshikadzu.

1098. — en fer, décoré en relief de deux chevaux en liberté, l'un d'or, l'autre travaillé dans le fer.
Signé : Mounémassa.

1099. — en fer, portant un pigeon en or de relief sous un pin gravé au burin.
Signé : Tôhô.

1100. — en cuivre doré. Il est décoré, en émaux translucides sur or, du mont Fouji, incrusté dans une plaque de shakoudo granulée.

1101. Quatre kogaï en fer, damasquiné d'or ou incrusté d'argent, à motifs d'ornement.

1102. Kogaï en fer damasquiné, représentant un glaive bouddhique.

1103. Quatre kogaï de petit sabre, en fer damasquiné de motifs d'ornements.

KOGAÏ DU XIXᵉ SIÈCLE

1104. Deux kogaï en cuivre doré, décorés en relief, sur plaque de shakoudo granulé, l'un du dragon enroulé autour d'un glaive, l'autre d'un personnage portant des paniers, et abrité par un arbre.

1105. Kogaï en shibuitshi, décoré en relief d'un panier de pêcheur, accompagné d'une ligne avec hameçon.

1106. Trois kogaï en bronze, décorés en reliefs de fleurs, de coquillages ou d'une inscription bouddhique.

1107. Six kogaï en shakoudo, décorés en relief de feuillages, d'animaux ou de pièces de harnachement.

1108. Deux kogaï, composés chacun d'une double aiguille en shibuitshi incrusté d'or.

1109. Kogaï composé d'une double aiguille en shakoudo ciselé, avec rehauts d'or, d'une branche de paulownia.

1110. — composé d'une double aiguille en fer, décoré en relief d'un petit dragon enroulé.

1111. — de petit sabre, composé d'une double aiguille en argent, décorée d'une libellule d'or.

1112. — se composant de deux aiguilles accolées, bronze ou shibuitshi. Le haut est décoré en relief d'une petite brindille de vigne.
Signé : Tokaï Natsuô.

1113. — se composant d'une double aiguille en fer, qui se termine en argent. Le fer porte une incrustation d'or, figurant des fleurs de cerisier.

1114. — en argent, composé de deux aiguilles accolées, représentant une double tige de bambou. Au revers se trouve gravée en creux une branche de prunier fleurie.
Signé : Fourôken Yeiju.

1115. — de grand modèle, en fer incrusté d'or d'un caractère bouddhique.

ANNEAUX ET BOUTS DE SABRE

ANNEAUX ET BOUTS DE SABRE DU XVIIe SIÈCLE

1116. Anneau et bout de sabre en fer ciselé et incrusté d'or. Le dieu Daïkokou vu derrière son sac de riz.
Signés : Otsuriuken Mibokou.

1117. — en fer damasquiné, orné d'un paysage animé de figures minuscules.
Signés : Fou-ounshi Jakushi.

1118. — en fer ciselé à rehauts d'or. Le dieu Daïkokou chassant les diablotins.
Signés : O-outshi Hakou-ountei Naokouni.

1119. — en fer incrusté de bandes en émail cloisonné, disposées en diagonale.

1120. Quatre bouts de sabre en fer damasquiné. Ils représentent des casques de formes diverses.

1121. Huit bouts de sabre en fer damasquiné, variés de formes et d'ornementations.

ANNEAUX ET BOUTS DE SABRE DU XVIIIᵉ SIÈCLE

1122. Anneau et bout de sabre en fer, décorés en relief d'un philosophe, suivi d'un enfant chargé de rouleaux d'écriture.
Signés : Toshinaga.

1123. — en fer, décoré en relief. Shôki poursuivant un diablotin qui grimpe sur le tronc d'un saule.
Signés : Toshimitsu.

1124. — en fer ciselé et incrusté d'un motif de grues dans les nuages.
Signés : Hashimoto Ishi.

1125. — en fer, avec figuration en relief, des deux personnages légendaires Kanzan et Jittokou.
Signés : Otsuriuken Hamano Mibokou Kenzuj.

1126. — en fer ciselé et incrusté à sujet de tortues.
Signés : Banriuken Teitshu.

1127. — en bronze rouge chagriné, incrusté en shakoudo d'un semé de fleurs de chrysanthèmes.
Signés : Kikougawa Hissatoshi.

1128. Deux anneaux de sabre en bronze rouge, gravés en relief et incrustés d'argent. Saints bouddhiques.
Signés : Joï.

1129. Anneau de sabre en bronze rouge, gravé et incrusté. Saint bouddhique et son cheval.
Signés : Kôzui.

ANNEAUX ET BOUTS DE SABRE DU XVIII° SIÈCLE.

1130. Anneau de sabre en shibuitshi gravé et clouté d'or. Une vague déferlante.
Signé : TSUTSHIYA SHÔMIN.

1131. — en shibuitshi, décoré à reliefs d'un tronc de pin avec tortue.
Signé : HÔZUI.

1132. — en shibuitshi, incrusté d'une branche de pivoine fleurie.
Signé : SHIGHÉMITSU.

1133. Anneau et bout de sabre en shibuitshi, avec applications en haut-relief de sujets de bataille. Un guerrier à cheval vu de face; un autre cavalier traverse les flots auprès d'un pont.
Signés : KATO TOMOTOSHI.

1134. — en shibuitshi, portant en haut-relief deux aigles sur des branches de pin.
Signés : ISHIGOURO MASSA-AKI.

1135. — en shibuitshi avec applications en relief. Un cormoran au guet, et sur l'autre pièce, un pêcheur ramassant son filet.
Signés : HOGHEN (titre) HARUAKI.

1136. — en shibuitshi, décorés en relief du dieu de la longévité, accompagné de la cigogne, à qui un enfant donne à boire.
Signés : TSHIKUSAN KEN MOTOTSUNÉ.

1137. — en shibuitshi, décorés en relief d'une scène qui représente le vieux couple de Takasago, symbole de la fidélité conjugale.
Signés : SHÔZUI.

1138. — en shibuitshi, décorés en relief de deux saints de la légende bouddhique.
Signés : NIJO YOSHIMITSU.

1139. **Anneau et bout de sabre** en shibuitshi, décorés en relief d'un saint bouddhique caressant le cheval que son soufle a créé.
Signés : Nagatsuné.

1140. — en shibuitshi, gravés en relief de deux saints bouddhiques.
Signés : Tsunénao.

1141. — en shibuitshi ciselé, avec détails en or. Shôki guettant un diablotin qui a dérobé la lance de ce vieux héros.
Signés : Tamagawa Yoshihissa.

1142. — en shibuitshi, figurant en demi-relief le dieu de la longévité, accompagné de la tortue.
Signés : Joï.

1143. — en shibuitshi, gravés en relief adouci de deux figures de Shôki.
Signés : Joï.

1144. — en shibuitshi, décorés en relief d'un oiseau et de branchages.
Signés : Yukimassa.

1145. **Anneau de sabre** en shibuitshi. Ciselure évidée, représentant les flots irrités.
Signé : Tadayoshi.

1146. **Anneau et bout de sabre** en shakoudo chagriné, ornés en relief d'un épisode de la guerre des Ghenji.
Signés : Tomoyassu.

1147. — en shakoudo, incrustés de chevaux en liberté.
Signés : Mitsusada.

1148. — en shakoudo, décorés en relief adouci du dieu de la longévité, jouant avec les enfants.
Signés : Iwamoto Konkwan.

1149. **Anneau et bout de sabre** en shakoudo mat, portant en reliefs des groupes de singes posés sur les arbres ou jouant sur le sol.
   Signés : NARA TOSHIKOUNI.

1150. — en shakoudo chagriné, décoré en demi-relief de sujets guerriers. Le général Yoshi-iyé, à cheval, devine, à l'envolée d'une troupe d'oies, la présence d'ennemis cachés.
   Signés : GOTO MITSUKOUNI.

1151. — en shakoudo chagriné, décoré en demi-relief de guerriers entourant le char d'un empereur.
   Signés : GOTO.

1152. **Anneau de sabre** en shakoudo poli, gravé et incrusté. Vieille femme lavant du linge dans un cours d'eau.
   Signé : NAGATSUNÉ, Daijo (gouverneur) de la province Etshizen.

1153. — en shakoudo, gravé et incrusté. Un diable au milieu des flots.
   Signé : TOSHINAGA.

1154. — en sentokou, incrusté d'or et de shakoudo. Motifs de roseaux au bord de l'eau.
   Signé : IWAMOTO KWANRI.

1155. **Anneau et bout de sabre** en sentokou, décorés en demi-relief d'un motif de pavots.
   Signés : YASSUTSHIKA.

1156. — en sentokou, gravés et incrustés en demi-relief d'un dragon émergeant des nuages au-dessus des flots.
   Signés : HIDÉMITSU.

1157. — en sentokou, modelés et incrustés. Le croissant lunaire dans les nuages au-dessus des flots, qui portent une puce d'eau sur une feuille de roseau.
   Signés : SÔSHIKOU NOBOUTOMO.

ANNEAUX ET BOUTS DE SABRE DU XVIIIe SIÈCLE.

1158. Anneau et bout de sabre en sentokou, décorés en relief d'une tête de cheval, jouet d'enfant.
Signés : Tôkwa-ô Hidéaki.

1159. Trois garnitures d'anneaux et bouts de sabre en fer, damasquinés à motifs d'ornements ou de libellule.

1160. Cinq garnitures d'anneaux et bouts de sabre en fer ciselé et incrusté de sujets d'animaux.

1161. Quatre garnitures d'anneaux et bouts de sabre en fer ciselé, avec appliques d'or et d'argent, représentant des scènes à personnages.

1162. Dix bouts de sabre en fer, décorés en incrustations saillantes de sujets à personnages.

1163. Onze bouts de sabre en fer, ciselés ou incrustés de divers motifs d'animaux.

1164. Anneau et bout de sabre en fer, ciselés d'un ornement à bâtons rompus.

1165. Trois anneaux de sabre en fer, damasquinés ou à reliefs incrustés. Motifs variés.

1166. Anneau et bout de sabre en fer, décorés en relief des sinuosités d'un cours d'eau, au-dessus duquel voltigent des papillons.

1167. Anneau de sabre en fer damasquiné et incrusté. Buveurs de saké.

1168. Trois garnitures de sabre en fer, portant en relief des sujets d'animaux.

1169. Anneau et bout de sabre en fer incrusté. Filet de pêcheur et deux hirondelles.
Signé : Itshiyanaghi Tomoyoshi.

1170. Cinq bouts de sabre en fer, portant des incrustations d'or en relief.

1171. Cinq garnitures d'anneaux et bouts de sabre en shibuitshi décorés de fleurs, d'animaux ou de paysage, en reliefs incrustés.

1172. Anneau et bout de sabre en shibuitshi, fortement creusé de lignes ornementales, à l'imitation des laques à filets rouges nommés *gouri*. La pièce est composée, dans son épaisseur, de six bandes alternantes de métal rouge et brun soudées ensemble.

1173. — en bronze, incrustés en relief d'un décor de libellules.

1174. Quatre garnitures d'anneaux et bouts de sabre en bronze rouge, décorés de personnages, d'arbre en fleurs ou de jouets d'enfant.

1175. Deux garnitures d'anneaux et bouts de sabre en sentokou ; l'une est gravée et incrustée d'une plante de navet, et l'autre présente un vol d'oiseau en reliefs incrustés.

1176. Anneau et bout de sabre en sentokou, portant en relief un motif de grues.

1177. Bout de sabre bombé, en argent incrusté. Souris et navet.

1178. Anneau de sabre en fer, décoré en or d'un bambou, où se trouve attachée la tresse de paille à pendantifs, qui défend aux démons l'entrée des sanctuaires.
Signé : SANYUKEN MASSAAKI.

ANNEAUX ET BOUTS DE SABRE DU XIXᵉ SIÈCLE

1179. Bout de sabre en fer, ciselé et incrusté à motifs de liserons et de libellule.
Signé : Ishi.

1180. — en fer ciselé et damasquiné, portant en relief le dieu Daïkokou monté sur un poisson.

1181. — en fer ciselé avec détails en or. Il représente la tête d'une statue, gardienne du temple.

1182. — en fer ciselé, avec parties de bronze rouge et d'or. Cloche de temple enroulée d'un dragon, que les diables portent à travers les flots.

1183. — en fer ciselé, représentant une écrevisse.

1184. Quatre garnitures d'anneaux et bouts de sabre en fer incrusté. Motifs de fleurs ou paysage.

1185. Anneau et bout de sabre en shakoudo chagriné, ornés, en reliefs d'or et d'argent, d'une chimère et de pivoines.
Signés : Yeishu.

1186. — en shakoudo chagriné, décorés en relief de tiges fleuries.
Signés : Massayoshi, daté Kayé I (1848).

1187. — en shakoudo chagriné. Le bout est orné en relief d'une divinité debout sur les nuages. Sur l'anneau un personnage agenouillé semble l'adorer, en tenant à la main une tablette portant des caractères d'or.
Signés dans l'anneau : Foujiwara Kiyotoshi.
Cachet à l'intérieur du bout : Tôriusai.

1188. **Anneau et bout de sabre** en shakoudo chagriné, décorés en reliefs de carpes au milieu des algues.
Signés : Katsura Massatoshi.

1189. — en shakoudo chagriné, portant un décor de fleurs en relief.
Signés : Morikouni Atsutaka.

1190. — en shakoudo chagriné, avec décor en relief, représentant un faucon sur un arbre.
Signés : Biyeï.

1191. — en shakoudo chagriné, décorés en relief de pivoines épanouies. Les feuilles sont d'or et les fleurs d'argent.
Signés : Hidémassa.

1192. — en shakoudo uni, damasquinés et ornés en relief d'une famille de faisans.
Signés : Jughiokusaï Kadzuyoshi.

1193. — en shakoudo grenu, incrustés de paulownias et de chrysanthèmes, les deux fleurs impériales.
Signés : Yeizui.

1194. — en shakoudo chagriné. Le sujet, en fort relief, représente une des statues gardiennes du Temple.

1195. **Anneau de sabre** en shakoudo chagriné avec applications d'or et d'argent, à sujet de feuillages.
Signé : Hisanori.

1196. — en shakoudo ciselé et incrusté. Une licorne.
Signature : Kadzunori, précédée de la mention : offert au sieur Hara (un docteur japonais).

1197. **Fragment d'anneau de sabre** en shakoudo chagriné, portant en relief un coq et des poussins.
Signé : Yamamoto Yoshimitsu.

1198. Bout de sabre en shakoudo chagriné, avec appliques d'or. Le décor se divise en douze compartiments, dont chacun contient un ou plusieurs personnages légendaires.

1199. Anneau et bout de sabre en shakoudo incrustés d'ornements en émaux translucides sur or.

1200. Anneau et bout de sabre en shakoudo, décorés en relief d'oiseaux sur branches de prunier fleuri.

1201. Trois garnitures d'anneaux et bouts de sabre en shakoudo, ornés d'incrustations en relief, à motifs de plantes.

1202. Trois garnitures d'anneaux et bouts de sabre en shakoudo, décorés en relief de scènes à personnages.

1203. Trois bouts de sabre en shakoudo, ornés en relief de personnages ou d'un dragon.

1204. Deux garnitures d'anneaux et bouts de sabre en shakoudo, incrustés de motifs de fleurs.

1205. Quatre anneaux de sabre en shakoudo incrusté. Motifs variés.

1206. Neuf bouts de sabre en shakoudo, portant des décors à personnages en relief.

1207. Neuf bouts de sabre en shakoudo diversement ornés.

1208. Bout de sabre en shakoudo avec détails en or. Il représente un casque de guerrier.

1209. Six bouts de sabre divers en bronze rouge.

ANNEAUX ET BOUTS DE SABRE DU XIXᵉ SIÈCLE.

1210. Anneau et bout de sabre en shibuitshi, décorés en relief de deux grands singes et d'un petit.
 Signés : Tsunénao.

1211. — en shibuitshi, ciselé et incrusté d'un motif de fleurs aquatiques.
 Signés : Goto Hokio Itshijo.

1212. — en bronze rouge, avec application en shakoudo de corbeaux se jouant à travers une ondée.
 Signés : Sôrin à l'âge de 82 ans.

1213. — en shibuitshi, décoré en creux, au burin, d'un personnage vu de profil, recevant la pluie.
 Signés : Kôsetsuken Tomonao.

1214. Anneau de sabre en shibuitshi, ciselé de vagues traversées par un dragon d'or.
 Signé : Itshighiokusaï Omori Hidétshika.

1215. Bout de sabre en shibuitshi, décoré en or et argent d'un philosophe, tenant à la main un rouleau déployé.

1216. Six garnitures d'anneaux et bouts de sabre en shibuitshi, portant en relief des scènes à personnages.

1217. Treize bouts de sabre en shibuitshi, à décors de personnages.

1218. Neuf bouts de sabre en shibuitshi. Décors divers.

1219. Quatre bouts de sabre portant en relief des motifs à personnages.

MÉNOUKI[1]

1220. Ménouki en shakoudo et or, représentant un seigneur assis sur des branchailles et tenant sur le poing un faucon.
Signé : TSUNÉNAO.

1221. Sept ménouki représentant des glaives, carquois, éventails ou poissons, par des artistes de la famille *Goto*.

1222. Ménouki en shakoudo, or et argent représentant un philosophe chinois, suivi d'un jeune garçon qui porte ses livres.
Signé : HISSANORI.

1223. Deux ménouki en shakoudo relevé d'or, représentant des ustensils à préparer le thé.
Signés : TSUTSHIYA YASSUNOBOU.

1224. Ménouki en shakoudo, représentant un cheval en liberté.
Signé : YOSHIOKA.

---

1. Les *ménouki* sont de petits ornements ciselés que l'on engage dans les tresses qui entourent la poignée du sabre.

1225. Ménouki en or plein, représentant le coucher du soleil derrière les sapins.
Signé: Nobou.

1226. — en shakoudo, représentant l'apôtre Dharma sur une feuille de roseau.
Signé: Shin.

1227. Deux ménouki en shakoudo damasquiné, représentant les statues des Ni-ô, les deux gardiens du Temple.
Signés: Banriuken Teitshu.

1228. Sept ménouki, représentant chacun, debout, un personnage légendaire.

1229. Treize ménouki, représentant des motifs variés à personnages.

1230. Treize ménouki à motifs de plantes.

1231. Vingt-deux ménouki à motifs d'animaux.

1232. Quinze ménouki, représentant des instruments ou autres accessoires d'agrément ou d'utilité.

1233. Vingt-deux ménouki, représentant des armes ou autres accessoires de guerre.

1234. Quatorze ménouki, représentant des casques.

1235. Ménouki en argent et or. Fleur de pivoine avec ses feuilles.

1236. — en bronze, rehaussé d'or et d'argent. La déesse Kwanon debout, portant une tige de lotus sur son épaule.

1237. — en fer ciselé à rehauts d'or, représentant une fleur de pivoine.
Signé: Itsuju.

GARDES DE SABRE EN FER
(Pièces comprises sous le n° 776 du catalogue).

USTENSILES DE FUMEURS

1238. **Appareil de fumeur** se composant : 1° d'une pochette à tabac et d'un étui en peau de chagrin noire, réunis par des chaînes de suspension en argent, qui maintiennent une forte boule d'agate rouge ; 2° d'un gros netsuké en forme de bouton en ivoire sculpté, et 3° d'une pipe d'argent ciselé et incrusté d'or, à motif de dragon. — La pochette se ferme par une double plaque en argent ciselé, l'une portant en haut-relief un sujet de chasse au sanglier, et l'autre, qui est placée à l'intérieur, offre une vue du Foujiyama, gravée au burin.

1239. **Poche à tabac** en peau de chagrin. Elle est à deux compartiments, dont l'un est recouvert de cuir de Cordoue. Les deux fermoirs sont en bronze ciselé et l'un d'eux correspond à une plaque intérieure en fer incrusté. Au cordon de suspension se trouve noué un netsuké en ivoire, qui figure un panier d'osier tressé.

1240. **Deux pochettes** en cuir revêtu d'étoffe brodée ou teintée, et garnies de fermoirs en métaux ciselés ou incrustés. L'une d'elles est accompagnée d'un netsuké en laque d'or et d'un coulant en métal incrusté.

1241. **Pochette à tabac** en velours brodé.

PIPES

1242. Pipe en argent ciselé, en deux sections, montées sur tube de bambou. Dragons dans les flots.

1243. — en argent ciselé, en deux sections, montées sur tube de bambou. Le décor est formé d'une imitation de tresse, alternant avec la gravure d'un dessin géométrique en creux.

1244. — en argent ciselé, en trois sections, reliées par des parties d'ivoire. Oiseaux volant au-dessus des champs de millet.

1245. Pipette en fer incrusté d'un semis de fleurettes en argent.

ÉTUIS DE PIPES

1246. Étui de pipe en bois strié, laissant en réserve une partie saillante et polie, qui imite l'enroulement d'une lanière de bambou. Une applique de bronze, figurant un escargot, sert d'anneau de passage au cordon de suspension.

1247. — en bois sculpté. Il représente le renard légendaire aux neuf queues et sa transformation en figure de femme.
Signé : Riuyei.

1248. — en tige de bambou trouée par la vétusté. Un petit crabe est visible dans l'une des fissures.

1249. — en corne de cerf, incrustée d'argent à rehauts d'or, d'une vrille de gourde, garnie de son fruit.

1250. — en tige de bambou, incrusté d'un limaçon en corne de cerf.
Signé : Hôsaï.

ÉTUIS DE PIPES.

1251. Étui de pipe en laque noir décoré de libellules d'or.

1252. — en bambou brun, sculpté au burin d'un coq, posé sur une haie de jardin.
D'après une peinture d'Ogouri Sôtan.
Signé : Massatsuné.

1253. — en bois dur incrusté d'argent. Deux squelettes en goguette.

1254. — en bois, laqué à l'imitation d'une tige de bambou. Il est accompagné d'un coulant d'ivoire, représentant une tête de mort, et d'un netsuké en laque, décoré du dragon des tempêtes.

1255. — en corne de cerf sculpté. Tshôki fait boire son cheval à une auge que lui présente un diable.

1256. — en bois noir poli, incrusté en relief d'un pied de pivoine, dont les fleurs sont en or et en argent alternés.
La bague de suspension est en émail vert.

1257. — en bois noir strié, avec réserve en relief, d'un prunier, dont les fleurs sont d'or et d'argent.
Signé : Hômin.

1258. — en tige de bambou tigré, avec anneau de suspension en ivoire ajouré et décoré, en demi-relief, d'un motif de poissons.

1259. — en ivoire, gravé en creux, d'une corbeille de fruits.
Il est accompagné d'un bouton d'ivoire, formant netsuké et d'un coulant d'argent.

1260. — en ivoire, incrusté en argent d'un grand poisson et de plusieurs petits.
Signé : Ikosai Ghizui.

ÉTUIS DE PIPES.

1261. Étui de pipe en tige de bambou, gravé au burin, d'un long cortège de prêtres quêteurs et d'une inscription expliquant que l'objet a été fait pour un sieur Tshikouan à Ouyéno (Yedo).
Signé : TESSAÏ ZENSHI.
Il est accompagné d'un netsuké en ivoire ajouré, formant bouton, et d'un coulant en filigrane.

1262. — en bois dur, incrusté d'argent. Le fidèle samouraï inscrit sur un tronc de cerisier les vers qui doivent annoncer à l'empereur, prisonnier, que sa libération est proche.

1263. — en porcelaine, accompagné d'une boîte à tabac. Les deux objets sont décorés en bleu sous couverte. L'étui, en porcelaine de Mino, est orné d'un dragon, et la boîte, en porcelaine de Hirado, porte un pied de pivoines fleuries et, au revers, un vol de papillons.

GARDE DE SABRE EN FER
(Pièce n° 814 du catalogue.)

KANAMONO[1]

KANAMONO DU XVIᵉ SIÈCLE

1264. Kanamono en fer ciselé, représentant un aveugle tenant de sa main gauche un bâton et une guitare, et soulevant sa tunique de sa main droite.

KANAMONO DU XVIIᵉ SIÈCLE

1265. Kanamono en fer ciselé avec parties damasquinées, représentant un dragon dans les nuages.

1266. — en fer damasquiné, représentant un bâton fourchu auquel sont noués une gourde et divers ustensiles.

1267. — en fer ciselé, décoré d'un chien, et un autre à motif de poisson.

1268. — Plaque en fer ciselé, portant un vol de deux cigognes dans les nuages.
Signé : TOMONOBOU.

---

[1]. Les *Kanamono* sont des plaques de métal qui s'appliquent aux pochettes à tabac et aux portefeuilles, pour orner les fermoirs.

KANAMONO DU XVIIIᵉ SIÈCLE

1269. Kanamono en fer niellé avec parties incrustées en relief. Il figure un kakemono où l'ascète Dharma fait tourner un jouet d'enfant sur le bout de son doigt.

1270. — de fer niellé de dessins géométriques, sur lesquels passe le vol d'un oiseau de nuit.

1271. — en bronze, forme de bouton, portant en relief un groupe composé d'un héros et d'un diable.

1272. — en argent avec parties émaillées. Oiseau de Hô entouré de pivoines.

1273. — en shakoudo, or et argent, représentant un noble de l'ancienne cour, assis à terre.

1274. — à fond de shakoudo avec appliques d'autres métaux. Les dieux Hotei et Fokourokou combattent dans une lice délimitée par une enfilade de sacs de riz. Le dieu Yébissu fait le juge du camp.
Signé : GOTO RENJO.

1275. — en métaux divers, représentant en haut-relief un poisson, une pieuvre et trois coquillages.
Signé : NAGAMASSA.

1276. — en métaux mélangés, représentant deux enfants chinois luttant au milieu de trois de leurs camarades qui les regardent.
Signé : MASSAYOSHI.

KANAMONO DU XIXᵉ SIÈCLE.

1277. **Kanamono** en métaux mélangés, représentant l'épisode du célèbre lettré chinois qui s'humilie en passant entre les jambes d'un marchand de poisson ambulant.

1278. — Petite plaque en bronze, gravée au burin. Jeune femme trempant du linge dans les eaux de la mer.
Signature illisible.

1279. — en argent ciselé. Plaque ajourée de forme carrée, représentant les flots au milieu desquels se tord un dragon. La tête et une partie du corps se détachent en haut-relief, ainsi qu'une de ses griffes, qui enserre la perle sacrée, figurée par une boule en verre.

1280. — rond en bronze, gravée au burin de la figure de Dharma, assis et tenant un livre ouvert.
Signé : Shurakou.

KANAMONO DU XIXᵉ SIÈCLE

1281. **Kanamono.** Petite plaque en bronze gravé au burin. Les deux *Manzaï*, danseurs du jour de l'an.
Signé : Minjo.

1282. — Petite plaque en bronze gravé au burin. Enfant qui s'amuse de la danse du lion.
Signé : Norimassa.

1283. — Petite plaque en bronze gravé au burin. Danse de deux Guésha.
Signé : Noriaki.

1284. — Petite plaque en bronze gravé au burin. Une femme assise et une autre qui passe.
Signé : Assama Temmin.

1285. Kanamono plat en forme d'éventail. Shibuitshi décoré en demi-relief d'un aveugle bousculé par un chien.
Signé : Minjo.

1286. — en argent et shakoudo, représentant une coiffure guerrière des anciennes dynasties chinoises.

1287. — en argent avec détails en or. Massif de fleurs sous lequel se tiennent deux cailles. Revers gravé d'un paysage éclairé par le croissant lunaire.
Signé : Narimassa.

1288. — en argent, représentant un gros poisson, flanqué de deux coquillages.

1289. — en argent avec détails en or. Chimère gambadant au milieu de pivoines.
Signé : Naotshika.

1290. Deux kanamono. Plaques d'argent gravées au burin, l'une d'un cerisier fleuri dont les boutons sont en or incrusté, et l'autre de deux souris près d'un attribut de fête.

1291. Kanamono en or, représentant un général d'armée, sur un tertre et, devant lui, un guerrier assis, qui trace une inscription sur un indicateur de routes.

1292. Six kanamono plaques de shibuitshi ; portant en demi-relief des sujets à personnages.

1293. Six kanamono Plaques de bronze gravées au burin de scènes à personnages ou d'un motif de fleurs.

1294. Kanamono. Plaque de forme oblongue à décor d'ornements creusés et niellés.

1295. Huit kanamono en métaux mélangés, représentant des scènes diverses à personnages.

1296. Six kanamono en métaux variés, à sujets d'animaux ou de fleurs.

KANAMONO DU XIXᵉ SIÈCLE.

1297. Kanamono Petite plaque en bronze, gravée au burin. Jeune femme, vue de dos et penchée pour cueillir des perles.
Signé : Yeiju Ken.

1298. Petite plaque en bronze gravée au burin. Danseur de Nô.
Signé : Otsumin.

1299. Plaque ronde en shibuitshi gravée et incrustée d'un danseur de Nô.
Signé : Minkokou.

1300. Kanamono. Plaque en shibuitshi incrustée d'un guerrier assis.
Signé : Shurakou.

1301. — Plaque en argent incrustée en demi-relief des figures de la déesse Benten et du dieu Daïkokou.
Signé : Tamagawa Yoshikiyo.

1302. — Plaque en shibuitshi, gravée au burin du groupe des six poètes célèbres, dont l'un exécute une danse, aux applaudissements de ses collègues.
Signé : Yoshihiro.

1303. — Plaque en shibuitshi chagriné, avec décor en relief, représentant deux poupées derrière lesquelles passe une branche fleurie.
Signé : Ishinsaï.

1304. — Plaque en shibuitshi repoussé. Le motif représente le héros Benké aposté sur le pont. Deux chauve-souris voletant devant le disque lunaire sont gravées en creux.
Signé : Riunin.

1305. — Petite plaque en argent gravé en creux, représentant un diablotin, tenant à la main le glaive de Shôki.
Signé : Kosaï.

COULANTS

1306. Coulant en argent incrusté d'or. Coquille bivalve semée de perles d'écume.
   Signé : Teimin.

1307. — forme quadrangulaire allongée. Il est de shakoudo avec application en relief d'une touffe de millet.
   Signé : Yoshimassa.

1308. — de forme ovoïde allongée, en fer, avec application en relief d'une vigne or et argent.
   Signé : Itshiju.

1309. — forme d'olive applatie, en fer avec application en or de deux cailles dans les millets.
   Signé : Iyétsugou.

1310. — forme d'olive en argent, décoré en or d'une tige de lys.
   Signé : Tomoyoshi.

1311. — Il est sculpté dans un noyau d'un dragon enroulé parmi les vagues, dont les perles d'écume sont figurées en argent.
   Signé : Kozan.

1312. **Coulant** de forme ovoïde en argent, décoré en or d'une tige de mauve et d'une libellule.
Signé : Harutoshi.

1313. **Quatorze coulants** en fer incrusté, variés de forme et de décor.

1314. **Quinze coulants** en argent ciselé ou incrusté, variés de forme et de décor.

1315. **Sept coulants** en ivoire, variés de forme et de décor.

1316. **Seize coulants** en bronze, variés de forme et de décor.

1317. **Dix coulants** en filigrane. Formes variées.

1318. **Deux coulants** sphériques en émail cloisonné.

1319. **Huit coulants** en verre ou en porcelaines, variés de forme.

1320. **Un gros coulant** sphérique en cristal de roche.

LE DIEU HOTEI

GRÈS DE BIZEN. — DESSIN A LA PLUME DE PHILIPPE BURTY.

(Pièce numéro 1513 du Catalogue.)

CÉRAMIQUE

GRÈS DE LA CHINE

1321. **Bol** à bord évasé et à base très rétrécie. Le grès noir est laissé à découvert à la partie inférieure, tandis que les autres parties du bol sont revêtues d'un épais émail strié, dénommé : Poil de lapin.

Spécimen authentique de l'espèce *Temmokou*, à laquelle on attribue une haute antiquité. En tous cas ces pièces doivent dater d'au moins 500 ou 600 ans.

1322. **Statuette** en grès, représentant le dieu du bonheur domestique assis, les jambes repliées. Les chairs sont de biscuit, tandis que sa robe est en émail craquelé.

Écornure au pied droit.

1323. **Personnage** en grès brun. Les chairs sont en biscuit; la robe est émaillée de vert; les cheveux, la barbe et les sourcils se détachent en émaux de tons plus clair. Socle en bois noir.

1324. **Deux vases** de forme turbinée, à couverte grise, flambée de gris bleuté.

1325. **Crapaud au repos** en grès noir, pointillé de gouttelettes d'émail blanc, simulant les pustules.

1326. **Coupe** en forme de feuille; émail gris flammé bleu.

BLANCS DE LA CHINE

1327. Deux vases de forme allongée, en porcelaine blanche, gravés d'un décor de fleurs.
L'un d'eux a une fêlure.

1328. Pitong cylindrique en porcelaine blanche, gravée d'une poésie.

1329. Coupe haute à bord ovale évasé, en porcelaine blanche, gravée d'une poésie.

1330. Six pièces de porcelaine blanche.
a, Coupe ovale à bord évasé, décorée en relief d'un lambrequin et de divers animaux; *b,* petite coupe carrée et plate; *c,* tasse réticulée de forme octogone; *d,* petite tasse plate, décorée à l'intérieur de deux oiseaux de Hô en relief, et bordée d'un filet d'or bruni; *e,* petite tasse ovale, décorée en relief d'une ornementation en style rocaille; *f,* petite coupe circulaire à bord droit qui est décoré au pourtour de branches de pêcher fleuries, formant relief.

1331. Cassolette tripode en porcelaine blanche, ornée de chaque côté d'une petite tête de chimère en saillie.
Couvercle en bois dur avec bouton de jade vert.

1332. Statuette en porcelaine blanche, représentant le dieu du bonheur domestique assis, tenant à la main une tige de pêcher garnie de deux fruits.

1333. Coupe en porcelaine blanche, affectant la forme d'une feuille de lotus, garnie d'une fleur à moitié épanouie.

PORCELAINES DÉCORÉES DE LA CHINE

ANTÉRIEURES AU XVII° SIÈCLE

1334. **Coupe** revêtue d'un émail craquelé à ton d'ivoire. Le tour extérieur est gaufré de pétales et dans le fond intérieur se trouve gravé un dragon enroulé.
Le bord est cerclé de cuivre.
Dynastie des Sung.

1335. **Vase** de forme balustre. Céladon gaufré de fleurs et de palmettes.

1336. **Bol hémisphérique** en céladon, gravé, sous émail, de cannelures au pourtour, et d'un médaillon central à l'intérieur.

XVII° SIÈCLE

1337. **Coupe basse** à bord plat à fond bleu empois. Le pourtour offre des branches fleuries qui se détachent en reliefs de tons plus pâles que le fond.

1338. **Jardinière** de forme cylindrique, ornée de chaque côté d'une tête de lion en relief dans laquelle il a été passé un anneau mobile en bronze doré. Les deux faces de la Jardinière sont décorées de grandes fleurs de lotus en bleu sous couverte relevé de rouge et d'or. Bordures extérieure et intérieure assorties.

1339. **Vase** de forme balustre. Sur un émail truité de couleur fauve, se détache en brun foncé une tige de fleurs avec ses feuilles.
Socle de bois à béquilles.

1340. Deux bols évasés, à décor de dragons en bleu sous couverte.

1341. Pot tubulaire avec couvercle, à décor d'ornements en bleu sous couverte.
Il est garni d'une monture en argent ciselé.

1342. Pot cylindrique, à décor de rinceaux en bleu sous couverte.

1343. Gargoulette de forme persane, décorée en bleu sous couverte. La panse est ornée de deux motifs de fleurs, alternant avec deux motifs d'attributs. Le col, très étroit, porte un semis de fleurettes.

XVIIIe SIÈCLE

1344. Petit pot en forme de balustre trapu. Il est couvert d'un fond bleu empois sur lequel se détache en lignes d'un bleu plus foncé un semis de fleurs sur des vagues stylisées.

1345. Vase à corps ovoïde surmonté d'un col étroit à bord évasé. Céladon gaufré de rinceaux, portant des fleurs de pivoines épanouies.

1346. Petit pitong carré, à fond céladon, décoré en vert d'une vague indication de bambous.

1347. Cinq pièces de porcelaines, portant des décors de la Compagnie des Indes; deux théières, un pot au lait, une tasse, une soucoupe.

1348. Sept tasses et trois soucoupes variées de décor.

1349. Pot à thé couvert, de forme aplatie. Il est décoré, en émaux de couleurs et en or, de personnages européens.

1350. Tasse de forme ovale à bord évasé. Elle est décorée d'un fond rouge d'or, laissant en réserve deux médaillons blancs, où se voient en émaux de couleurs des personnages en costumes européens.

1351. **Barrette**, servant de presse-papier. Le plat supérieur porte un décor de personnages dans des paysages agrestes. Le pourtour est décoré de rinceaux de couleurs sur fond jaune.

1352. **Pot au lait** monté en vermeil. Le décor, en émaux de couleurs se compose de fleurs et d'entrelacs.
   Légère fêlure.

1353. **Deux bols** demi-minces, décorés sur fond blanc d'un paysage animé de jeunes femmes qui portent des fleurs.
   Pièces endommagées.

1354. **Deux bols** et trois soucoupes, décorés en émaux de couleurs, de larges feuillages et de fleurs.
   Pièces endommagées.

1355. **Compotier** de forme gaudronnée, décoré en émaux de couleurs. Le bord est contourné par un lambrequin à dessins de fleurs et dans le fond se trouve un bouquet en médaillon.
   Fêlure.

1356. **Écran de table** formé d'une plaque carrée en porcelaine qui s'enchâsse dans une monture de bois ajourée. La plaque est décorée, en émaux de couleurs sur fond blanc, d'un terrain où s'élève un arbre en fleurs et un pied de chysanthèmes épanouis, sous lesquels se tiennent deux cailles.

1357. **Assiette décorée** en émaux de couleurs. Le pourtour est à fond vermiculé avec semis de fleurs. Il encadre un médaillon blanc, décoré d'une scène à personnages dans un jardin.
   Pièce réparée.

1358. Vase en porcelaine craquelé à panse aplatie, surmontée d'un col élancé, qui est garni de deux anses coudées.
Cachet : KIENLONG.

1359. Vase en porcelaine de forme ovale à gaudrons, portant deux anses en trompe d'éléphant. Le décor principal représente, en bleu et brun manganèse sous couverte, des écureuils dans les vignes.

1360. Trois pièces de porcelaines décorées en bleu sous couverte.
a, petit plat, à pied étroit.
b, petite jardinière hexagone.
c, boîte à rouge pour cachets, en forme d'éventail.

1361. Deux bols émaillés de taches vertes, jaunes et brunes.

1362. Coupe de forme ovale portant en relief des branches de prunier fleuries. Émail rouge.

POT A THÉ EN POTERIE DE SÉTO
(Dessin original de Philippe Burty.)

PORCELAINES DE HIZEN

XV° SIÈCLE

1363. Bol de forme campanulée. Décor de rinceaux bleus sous couverte craquelée. Spécimen de Goroshitshi, l'un des artistes porcelainiers les plus primitifs du Japon.

XVII° SIÈCLE

1364. ARITA. Paire de cornets décorés de bandes à fond gros bleu sous couverte, qui encadrent des médaillons ornés de motifs variés, en rouge avec des rehauts de couleurs et d'or. Ces motifs représentent des oiseaux de Hô, des oies sauvages, des chimères, des papillons et des plantes.

Hauteur : 14 centimètres.

1365. — Brûle-parfums quadrangulaire à pans coupés et soutenu par quatre pieds. Il est complété par un couvercle ajouré, formant grillage. Le décor représente sur chaque face un arbuste fleuri en rouge et en émaux de couleurs.

Légères fêlures.

1366. — Brûle-parfums de forme carrée. Le décor du pourtour est divisé en deux sections horizontales. Celle qui avoisine le bord présente un semis de motifs ajourés et la partie inférieure est décorée d'une bordure géométrique en bleu sous couverte. Le couvercle, en bronze repercé, se termine par un coq assis.

Quelques experts japonais croient cet objet en porcelaine de Koutani.

Pièce reproduite dans l'*Art japonais*, de Louis Gonse, tome II, p. 297, d'après un dessin de Henri Guérard.

XVIII° SIÈCLE

1367. — Jardinière hexagone à fond rouge, portant en réserve sur chaque pan un médaillon blanc chargé de fleurs.

Très légère fêlure.

1368. ARITA. Pot à cendres de forme cylindrique à fond céladon. Il est de travail réticulé avec trois médaillons pleins, chargés de l'armoirie du chrysanthème à seize pétales. Couvercle en shakoudo grillagé.

1369. — Pot à cendres cylindrique à fond gros bleu avec réserves blanches, portant des décors de couleurs.

1370. — Deux pièces à décor appelé Kakiyémon, du nom de son innovateur : Assiette et petit compotier.

1371. — Deux pièces polychromes; *a*, jardinière quadrangulaire, *b*, vase en forme de balustre à base aplatie.

1372. — Bouteille à goulot étroit, et dont la panse s'élargit vers la base. Fond rouge orné de rinceaux d'or et portant en réserves des médaillons verts chargés de motifs dorés.

1373. — Deux bouteilles à saké, l'une ronde et l'autre carrée, décorées en bleu sous couverte avec parties rouges et détails en or.

1374. — Brûle-parfums de forme rectangulaire décoré en bleu sous couverte et en couleurs.
Couvercle d'argent gravé et repercé.

1375. — Petite boîte de forme haute et hexagone. Elle est à fond rouge et porte sur le plat du couvercle un double motif géométrique en bleu sous couverte.
Socle en bois noir.

1376. NABÉSHIMA. Bol hémisphérique, décoré de plantes de chardon en bleu sous couverte avec les fleurs en rouge.

1377. HIRADO. Petit Brûle-parfums de forme sphérique, muni d'un couvercle en bronze découpé, bord de porcelaine. Le décor, en bleu sous couverte, représente des jeux d'enfants au milieu d'arbustes fleuris.

1381. HIRADO. Deux petits brûle-parfums de forme sphérique, à couvercle de porcelaine découpée. Les décors, en bleu sous couverte, représentent des scènes à personnages.

1382. — Trois petites pièces décorées en bleu sous couverte. Support, tube et règle.

1383. — Deux compotiers. Le bord est gaufré d'un dessin à bâtons rompus, qui encadre un médaillon central à décor de fleurs ou d'oiseau en bleu sous couverte.

1384. — Brûle-parfums en forme de tambour, décoré en bleu sous couverte de bambous et de sapins. Il est garni d'un couvercle bombé, en bronze, orné d'un motif de dragon finement incrusté de fils d'or, et ajouré.

1385. — Plateau creux de forme carrée, à angles rentrés. Il est décoré en bleu sous couverte de branches de chrysanthèmes fleuries.

1386. — Bouteille à saké à corps ovoïde surmonté d'un étroit col tubulaire. Le décor, en bleu sous couverte, représente des jeux d'enfants sous des sapins.

1387. — Petit brûle-parfums cylindrique à couvercle ajouré formant grillage. Il est décoré, en bleu sous couverte, d'un vol d'oiseaux à travers des tiges de bambou.

1388. — Boîte à trois compartiments décorée en bleu sous couverte de plantes fleuries, avec netsuké et coulant, également en porcelaine.

1389. HIRADO BLANC. Deux petits plateaux de formes irrégulières, gaufrés.

PORCELAINES DE KOUTANI.

1390. OKAWATSHI. Tube à fond bleu, empois uni. Il est cerclé de trois anneaux de laiton reliés par un montant où pend un anneau de suspension.

1391. KAMÉYAMA. Cantine de forme carrée, à quatre compartiments superposés. Le décor, en bleu sous couverte, offre sur les deux faces principales des paysages agrestes, et sur les faces latérales des tiges fleuries et des bambous. Elle est encastrée dans une monture en bois dur à anse surélevée.
Cachet : KAMÉYAMA.

XIXe SIÈCLE

1392. Bouteille à saké de forme carrée à angles arrondis. Le décor, posé par gouttelettes d'émail bleu, vert et jaune représente des paysages au bord de la mer.

1393. Bol campanulaire, décoré en bleu sous couverte. Les sept lettrés Chinois dans la forêt de bambous.
Signé : IWA.

PORCELAINES DE KOUTANI

XVIIe SIÈCLE

1394. Bol de forme évasée à côtes tournantes, détaillées en vert au milieu d'un fond rouge. L'intérieur est semé de fleurs de prunier rouges et d'or.

XVIIIe SIÈCLE

1395. Bol cylindrique à fond rouge avec un motif irrégulier d'alvéoles en or.

1396. Bol de forme plate, lobée. Le pourtour est décoré de trois grands papillons en or, rehaussé de vert avec détails en rouge. Dans l'intérieur un petit médaillon central offre le sujet d'un personnage étendu dans la campagne.

1397. Petit support rond à piédouche, servant à poser l'encre de Chine. Décor rouge et or, finement détaillé avec rehauts verts. Motifs d'animaux chimériques et de fleurs.
Cachet, figurant le caractère de longévité.

1398. Bouteille à saké à long col et panse sphérique. Décor de rinceaux et de médaillons en rouge, vert et jaune.

1399. KOUTANI BLANC. Compotier, dont le pourtour est ajouré de cercles, pris les uns dans les autres. La partie pleine est ornée d'une bordure gaufrée représentant des feuilles d'érable flottant sur les eaux.

PORCELAINES DIVERSES

XIXᵉ SIÈCLE

1400. KIOTO Cinq petits compotiers, décorés en émaux de couleurs de feuillages et de fleurs.
Signature (fausse) : Kenzan.

1401. KIOTO Présentoir de forme surbaissée et décoré, en bleu sous couverte, de branches de pins.
Signé : Tozan.

1402. MINO Présentoir quadrangulaire, ajouré sur sa table et ses côtés. Décor de bâtons rompus en bleu sous couverte.

1403. SANDA. Brûle-parfums tripode et deux Pots à cendres de forme tubulaire. Couverte céladon uni.

PETITE BOUTEILLE EN GRÈS DE BIZEN BLEUATRE
Dessin à la plume de Philippe Burty. — (Pièce n° 1521 du Catalogue.)

POTERIES

POTERIES D'OWARI

XVIe SIÈCLE

1404. SÉTO. Assiette en terre rouge à couverte brune, surchargée d'un émail nuancé de bleu.

1405. — Deux bols évasés, à couverte unie jaune rosé.
L'un d'eux a été réparé au Japon en laque d'or.

1406. — Petite gourde à double renflement en terre grise, recouverte par un émail jaunâtre; le col est lustré par un flammé brun, nuancé de gris.
Petite réparation au goulot.

1407. — Pot à thé de forme cylindrique allongée. Terre rougeâtre, revêtue d'un émail brun, flammé de jaune avec effets bleus.

1408. — Bol évasé, cerclé d'argent. Genre appelé Temmokou. Couverte brun-jaspé sur terre brune.

POTERIES D'OWARI.

XVIIe SIÈCLE

1409. SÉTO. Pot à thé en forme de jarre à goulot. Terre brune, revêtue d'une couverte épaisse, nuancée de brun-écaille et de vert grisâtre.

1410. — Bol évasé en terre rougeâtre, striée en creux à l'intérieur de rayons partant du centre. Le bord seul est enduit d'un émail brun.

XVIIIe SIÈCLE

1411. — Petit tube en terre rosée, revêtue d'un émail de même ton, finement poudré de gris.
Marque : SÉTO.

1412. — Trois pièces. Présentoir, bol lobé et vase cylindrique à couverte brune, fouettée de bleu.

1413. — Vase de forme allongée à dépressions. Couverte brune fouettée de bleu.
Signé : SHUNTAÏ.

1414. Grand bol hexagone, il est émaillé, d'un fond vert, par-dessus une couverte de ton fauve.
Signé : SHUNZAN.

1415. ORIBÉ. Pot à thé cylindrique à dépressions, et garni de deux petites anses supérieures. Émail vert par-dessus une couverte jaune.

1416. — Plateau à fruits de forme échancrée à bords droits. Il est émaillé par parties de vert, de jaune, et de ton chair.

1417. — Coupe oblongue à pans. Couverte craquelée de ton ivoire, avec ornements en brun maganèse et deux larges coulées d'émail vert.

1418. — Petite boîte à parfums plate et lobée. Même genre de décor que la pièce précédente.

POTERIES DE KIOTO

XVII° SIÈCLE

1419. KENZAN. Boîte à parfums plate à contours irréguliers. Le couvercle est décoré, en couleurs au naturel, d'un paysage représentant des chaumières au bord de la mer. L'intérieur est strié de nuages bleu et or.
Signée : Kenzan.

1420. — carrée, aux angles rentrants, et à couvercle plat. Terre rouge, sur laquelle s'enlève une branche de pêcher à fleurs blanches. Les côtés sont garnis d'un dessin quadrillé bleu.
Signée : Kenzan.

1421. — Bol à thé de forme cylindrique décoré, en brun et bleu au grand feu sur émail truité, d'un plant de chrysanthèmes en fleurs.
Signé : Kenzan.

XVIII° SIÈCLE

1422. Boîte à parfums longue et plate, figurant des étoffes pliées, qui seraient ornées de sapins et de pruniers fleuris sur fond d'or. A l'intérieur, des nuages en bleu, et des brindilles d'or.
Signature (fausse) : Kenzan.

1423. Trois coupes et plateau.
Signature (fausse) : Kenzan.

1424. Plateau rectangulaire à bords droits. Couverte truitée, décoré en émaux vert et bleu, à rehauts d'or, d'arbres et de fleurs.

1425. Deux plateaux oblongs à couverte truitée, décorés d'arbres fleuris en émaux verts et bleus.

1426. AWATA. Deux bouteilles à saké à long col avec couverte truitée. Le décor en vert, bleu et or est formé d'arbres et de fleurs.

1427. — Bouteille à saké en forme de gourde. Décor de sapin et de bambou en vert, bleu et or sur fond truité.

1428. — Bouteille à saké de forme carrée aux angles arrondis. Arbres fleuris en émaux bleus, rehaussés d'or sur fond truité.

1429. — Cornet carré, s'évasant vers le haut. Il est décoré, en émaux vert et bleu et en or, de troncs de bambou élancés sur fond truité.

1430. — Boîte de cantine de forme haute et carrée, à quatre compartiments superposés. Elle est à fond vert, laissant en réserves blanches trente-neuf médaillons qui portent des motifs de fleurs variées.

Signée : NINSEI.

Une félure à la base a été réparée au Japon en laque d'or. Il y a quelques autres félures très légères.

1431. Statuette d'un vieillard assis, au visage souriant. Le costume est colorié d'émaux bleu, vert et blanc.

Signée : HÔZAN.

1432. RAKOU. Boîte à parfums carrée et plate en terre noire, sur laquelle se détache en relief une fleur de chrysanthème de la couleur du vieil ivoire.

Félure réparée au Japon en laque d'or.

1433. — Deux bols à thé en terre brune, enduite d'émail noir.

1434. — Petite boîte à parfums carrée plate en terre noire.

POTERIES DE KIOTO.

1435. AWATA. Petit vase à pied, à cinq pans évasés, et supporté par un pied quadrangulaire. Décor vermiculé en émaux verts et détails en or, coupé en trois places par trois grandes fleurs rouges.

Hauteur : 0^m,08.

1436. Cinq bols de formes variées, décorés sur fond truité de fleurs ou de paysages.

L'un deux est signé : NINSEI.

1437. AWATA. Boîte rectangulaire, à trois compartiments superposés, et à couvercle plat. Elle est décorée d'un semis de pivoines en or, rouge et bleu et de rinceaux verts, sur émail truité.

1438. Petit brûle-parfums cylindrique, à décor d'alvéoles en couleurs sur fond truité. Couvercle en argent ciselé et ajouré, représentant un dragon qui se tord dans les flots.

1439. Petit vase d'applique, représentant un tube de bambou. Il est décoré d'une branche de chrysanthème fleurie sur couverte truitée.

1440. Deux petits bols à décors de rinceaux l'un sur couverte ivoire, et l'autre sur biscuit noir.

Ce dernier est signé : KINKOZAN.

4141. Plateau à fond noir, sur lequel se détache, en émail blanc, une branche de prunier fleurie.

1442. Plateau carré à bords droits, décoré, sur couverte grise, d'allées de sapins en brun et bleu.

XIXe SIÈCLE

1443. Bol hémisphérique, décoré, en couleur sur couverte truitée, d'un casque de guerrier, accompagné d'une tige de roseaux.

Cachet : YÉRAKOU.

1444. Bouteille à saké de forme allongée à pans coupés. Décor polychrome de chrysanthèmes, dont les fleurs sont en relief.

1445. Petit bol à saké campanulé. Le pourtour, en biscuit brunâtre, est décoré d'une branche de prunier, dont les fleurs sont exprimées par un émail blanc à gouttelettes. Intérieur revêtu d'un émail gris truité.
Signé : Kiokouhô.

1446. Bol à manger le riz, avec couvercle. Il est enduit d'une couverte noir brillant qui laisse en réserve deux bandes d'émail clair, à décor polychrome, d'un dessin géométrique.
Signé : Iwakoura.

1447. Petite théière de forme ovoïde en terre blanche, décorée en rouge et or, avec rehauts d'émail blanc, d'une voiture de mikado arrêtée sous les arbres en fleurs.
Signée : Shôghetsuzan Rantei.

1448. Bouilloire à eau en forme de théière. Terre brune ornée de médaillons en relief, où se détachent, avec parties en haut-relief ajouré, des scènes à personnages, finement sculptées dans la matière.
Cachet illisible.
Hauteur : 0m25.

1449. Boîte à parfums, figurant une cigogne couchée. Décor de couleurs avec détails en or.
Signée : Kiuzan.

1450. Pot à cendres cylindrique. Terre blanche, revêtue à l'extérieur d'une couverte jaune, surchargée par places d'un émail vert-bleu, nuancé de violet.

1451. Six pots à cendres en forme de tubes, à décor variés. L'un d'eux porte la signature de Ninsei et deux autres offrent celle de Kenzan.

POTERIES DE SATSUMA

XVIIIe SIÈCLE

1452. **Boîte à parfums**, carrée et plate, décorée sur le couvercle d'une touffe d'iris blancs au milieu d'un fond rouge corail, qui couvre également les côtés. Ce fond est à dessins d'alvéoles ou de losanges. Double dessin ornemental à l'intérieur.

1453. — en forme de bonbonnière. Le couvercle est orné en rond de deux branches fleuries.

1454. **Godet à eau** pour délayer l'encre. Il simule une boîte rectangulaire dont le couvercle, à recouvrement, serait attaché par une ganse. Le décor est formé de dessins ornementaux et d'une branche épanouie de prunier en plein relief.

1455. — pour délayer l'encre, de forme plate et rectangulaire, décoré sur fond pointillé d'une branche de chrysanthème fleurie.

1456. **Boîte à parfums** en forme d'éventail, décorée de la légende du saint bouddhique qui fait échapper un cheval de sa gourde.

1457. **Boîte à parfums** en forme de tonneau couché, décorée de fleurs de chrysanthèmes, charriées par un ruisseau serpentant.

1458. **Petit pot couvert** de forme haute et rectangulaire, formant losange. Il est décoré de rinceaux fleuris.
   Une extrémité du couvercle recollée.

1459. **Petit presse-papier**, figurant le sac aux richesses avec l'écran du dieu de la longévité. Rinceaux sur fond rouge.

1460. **Petite jardinière** conique, décorée d'un pied de pivoines épanoui et de deux oiseaux de Hô.

1461. **Trois petits pots** cylindriques à décors de fleurs.

1462. **Pot à thé** couvert, de forme ovoïde, en terre brune, revêtue d'un émail brun, flammé de bleu.

1463. **Bol campanulé**, décoré de motifs de plantes, disposées en ronds.

1464. **Statuette** de prêtre assis, les jambes repliées. Détails du costume en or et couleurs.

Hauteur : 0^m,10.

1465. **Petite boîte** à parfums, carrée, à couvercle bombé. Décor de vrilles or et couleurs, coupé, sur chaque face et au couvercle, d'une fleur de chysanthème rouge.

Un petit morceau recollé.

1466. **Boîte à parfums**, en forme de losange avec couvercle aplati. Décor à ornements géométriques en couleurs et or.

1467. **Deux boîtes à parfums** rectangulaires, décorées au couvercle d'une touffe d'herbes fleuries, derrière lesquelles se dresse au loin le Fujiyama. La sainte montagne émerge des nuages, simulés par des piqueté d'or. Des motifs à fond de bâtons rompus garnissent le pourtour.

Au revers de chaque boîte une inscription qui se lit : *L'une des dix.*

XIXe SIÈCLE

1468. **Bouteille** en forme d'une grosse gourde. Elle est semée de motif de fleurs, décrivant des cercles, en or et couleurs. Le rétrécissement médian est décoré d'une cordelière en or.

POTERIES DE SATSUMA.

1469. Fourneau à chauffer l'eau. Décor en or et couleurs, formé des attributs du bonheur. Bords et couvercle ajourés.
   Un morceau recollé.

1470. Deux porte-bouquets en forme de gobelets à base renflée, supportés par trois pieds. Décors or et couleurs.

1471. Deux théières de forme sphérique décorées en or et couleur.

1472. Bouteille à saké, en forme de gourde à double renflement. Terre brune, émaillée de brun flammé rouge.

1473. Vase en forme de losange à couverte grise sans décor de couleur. L'ornementation, gravée en creux, représente des vols de cigognes et des bordures ornementales.

1474. Bol cylindrique, décoré au pourtour, en bleu sous couverte et en or, de lignes perpendiculaires coupées par des nuages; bordures polychromes et or en dessous et à l'intérieur.

1475. — forme plate, décoré, en or et couleurs, de sections en spirale, alternées de fleurs et de motifs d'ornements.

1476. Petite tortue en marche. Les détails sont d'or et bleus.

1477. Trois bols à décor de fleurs et d'oiseaux.

1478. Cinq bols à décors d'ornements et de fleurs.

1479. Bol plat, décoré d'un semis d'éventails éployés, à décors de fleurs.

1480. Deux bols à décors de personnages et d'oiseaux.

POTERIES DIVERSES

XVIᵉ SIÈCLE

1481. KARATSU. Bouteille cylindrique un peu aplatie, à embouchure étroite, et garnie de deux anses. Terre noire revêtue d'un émail noir brillant et irisé.

1482. SHIGARAKI. Grand bol de forme haute. Terre noirâtre, enduite d'un vernis brun, sur lequel ont été apposées au pinceau des zones d'un émail blanc.

XVIIIᵉ SIÈCLE

1483. TAKATORI. Pot à thé surbaissé en terre brune avec couverte de même ton, sur laquelle un émail jaune est étendu par taches.

1484. KENZAN-IMADO. Boîte à parfums en forme d'un sac de riz. Sur l'émail verdâtre les cordes sont figurées en brun manganèse.
Signée : Kenzan.

1485. SHIDORO. Bouteille de forme contournée imitant le cuir. Terre noire revêtue d'émail brun et marbré de jaune.
Cachet : Shidoro.

1486. ASSAHI. Bol de forme hémisphérique. Terre rosée, enduite d'un émail grisâtre, qui laisse apparaître par taches le ton rosé du fond.

1487. TAMBA. Petite verseuse en forme d'une pêche coupée par le milieu. Elle est en terre rouge, vernissée de brun, avec gouttes jaunâtres.

1488. BANKO. Bol à double renflement en terre rougeâtre, émaillée de brun irisé. Il est semé de médaillons irréguliers à fond blanc, décorés en émaux de couleurs de paysages ou d'ornements.

XIX° SIÈCLE

1489. IMADO. Boîte à médecine en terre blanche, décorée à fond noir, avec réserve en éventail, chargée de motifs d'arbre et de fleurs. Il est accompagné d'un netsuké, également en fond noir, avec médaillon décoré en relief du buste d'Okamé.
Signée : KENYA.

1490. AWAJI. Bouteille à saké cylindrique à petit goulot; fond jaune uni gravé d'un dragon entouré de petits nuages.

1491. — Statuette d'Okamé en terre blanche, les chairs en biscuit, le costume à couverte blanche décoré en or et et couleurs.
Signées : MIMPEI.
Une ébréchure au bord intérieur.

1492. — Midzusashi (Pot à eau pour la préparation du thé) de forme cylindrique à couvercle. Terre blanche, à couverte couleur d'ivoire finement craquelée et décorée d'un semis de motifs violâtres cernés d'or. Ils sont disposés en cercles, stylisant des dragons, des oiseaux de Hô ou des nuages.
Signé : MIMPEI.
Légère fêlure au couvercle.

1493. YATSUSHIRO. Bol de forme surbaissée en terre rougeâtre à couverte grise, incrusté en émail blanc d'un semis de petits motifs de dragons enfermés en doubles cercles. A l'intérieur des filets parallèles en émail blanc sont apposés au pinceau par-dessus la couverte.
Légère fente.

1494. YATSUSHIRO. Petit tube à serviette, servant aux cérémonies du thé. Couverte grise, incrustée d'émail blanc. Motif de vrilles. Il est serré dans un filet de soie.

1495. TAKATORI. Coupe ovale en forme de feuille repliée. Terre brune, émaillée de jaune par épaisseurs irrégulières.

FABRICATIONS INDÉTERMINÉES

1496. Pot à thé de forme bursaire. Couverte brune, piquetée de trous. Couvercle en bois avec bouton d'ivoire en fleurs de cerisier.

1496 bis. Tortue en marche. Elle présente un émail vitreux irisé.

1496 ter. Onze bols ou coupes variés de tons unis.

GRÈS DE BIZEN

XVIIe ET XVIIIe SIÈCLES

1497. Vase à fleurs en grès couleur de bronze, de forme aplatie garni de deux têtes de chimères.
>Hauteur : 0^m,25.

1498. Aigle de mer en grès rouge, posé sur des rochers, la tête tournée en arrière.
>Hauteur : 0^m,43.
>Cette pièce a été reproduite dans l'*Art Japonais* de Louis GONSE, t. II, p. 323, d'après un dessin d'Henri Guérard; et dans le *Japon Artistique*, livraison XXXV.

1499. Faucon en grès brun, posé, les deux pattes rassemblées, sur un tronc de sapin, au pied duquel s'épanouit une fleur des forêts.
>Hauteur : 0^m,37.

1500. — en grès brun posé sur un tronc de sapin.
>Hauteur : 0^m,37.
>Pièce reproduite, d'après un dessin de Ph. BURTY, dans le *Japon Artiste*.

1501. **Vase** en grès rougeâtre de forme balustre, en imitation d'osier tressé.
>Hauteur : 0m,23.

1502. **Midzusashi** (vase à contenir l'eau pour la préparation du thé), en grès rougeâtre, à deux anses très écartées. Il imite un fin clissage de bambou. Son couvercle, d'un ton plus foncé, est encastré dans un morceau de laque noir.
>Hauteur : 0m,18.
>L'une des anses est recollée. Une réparation au culot a été dissimulée sous une couche de couleur.

1503. **Brûle-parfums**, représentant une chimère posée dans le calice d'une pivoine épanouie sur un rocher.
>Hauteur : 0m,25.
>Il a des parties restaurées.

1504. **Bouteille à saké** en grès brun, à long col, sur lequel un décor en laque d'or simule un liquide qui déborderait du goulot en entraînant des fleurs de cerisier. Le bouchon est d'argent, en forme de fleur.
>Hauteur : 0m,21.
>Le décor de laque est endommagé.

1505. **Statuette** en grès brun, représentant Fokourokoujiu, dieu de la longévité. Il a la figure rieuse et tient un écran de la main gauche.
>*Signée :* Kitshi.
>Hauteur : 0m,15.

1506. **Porte-bouquets d'applique**, représentant un joueur de flûte chinois, sous les bambous.
>Hauteur : 0m,15.

1507. **Bouteille à saké** en forme de gourde à double renflement. Le grès brun vernissé est surchargé d'une seconde couche d'émail, celle-ci de ton jaunâtre.
>*Marque :* Man.
>Hauteur : 0m,15.

1508. **Brûle-parfums** en grès foncé, représentant un chat couché, la tête tournée de côté.

Longueur : 0^m,17.

1509. **Coupe** en grès foncé, représentant un bateau, dont l'avant est couvert d'un toit de paille.

Longueur : 0^m,24.

1510. **Cinq godets à eau** pour délayer l'encre de Chine, en grès brun. Ils représentent : Un lettré chinois étendu ; le poète japonais Shitomarou ; une chimère ; une petite gourde accolée à une cuvette ; un bateau avec un toit en bambous.

Cachet : Térami.

Le bateau porte une réparation en laque d'or.

1511. **Brûle-parfums** en grès brun. Statuette du dieu Hôtei, portant sur son épaule le sac aux richesses.

Signé : Térami Itshirobé.

Hauteur : 0^m,13.

1512. — en grès brun, tacheté de jaune. Statuette du dieu Hôtei qui danse, adossé à son sac bondé.

Cachet : Térami.

Hauteur : 0^m,13.

1513. — en grès couleur chocolat, tacheté de jaune. Statuette du dieu Hôtei, assis sur son sac dégonflé.

Hauteur : 0^m,11.

1514. — en grès brun, de forme lobée. Le couvercle est formé d'une figure de Hôtei assis, avec son sac bondé.

Cachet : Térami.

Hauteur : 0^m,10.

1515. **Plateau** en grès rouge, en forme d'écran à main.

Longueur : 0^m,16.

XIXe SIÈCLE

1516. Deux bouteilles en grès brun, qui représentent des gourdes enroulées de fruits plus jeunes, et de vrilles qui forment les anses.
Hauteurs : 0^m,25 et 0^m,20.

1517. Presse-papier en grès brun, représentant un diablotin penché, en sanglotant, sur la main du grand diable que le héros Watanabé Tsuna avait coupée. Une inscription gravée est au revers qui se lit : Rashômon. C'est le titre de l'histoire à laquelle se rapporte cette légende.
Largeur : 0^m,20.

1518. Bouteille en grès brun, qui a la forme aplatie d'un tambour de guerre, posé de champ sur son support. Une chimère est sculptée sur chaque face du disque, que surmonte un goulot étroit.
Hauteur : 0^m,22.

1519. Porte-bouquet d'applique en terre rouge, représentant une conque.
Hauteur : 0^m,17.

1520. Flacon en grès rouge, dont l'étroit goulot est supporté par un éléphant.
Double inscription : Konpira Daïgonghen.
Hauteur 0^m,08.

1521. Bouteille à saké en gris verdâtre (Ao-Bizen). Elle est hexagone et sa panse, très surbaissée, porte une ornementation en reliefs moulés. Bouchon laqué d'or.
Diamètre 0^m,10.

1522. Porte-bouquet d'applique en grès bleu-gris (Ao-Bizen). Il représente le dieu Hôtei, très rieur, avec son sac, qui lui descend tout le long du dos.
Hauteur : 0^m,15.

DESSIN AU CRAYON DE PHILIPPE BURTY
(Pièce n° 1577 du Catalogue.)

OBJETS EN FER

OBJETS EN FER ANTÉRIEURS AU XVIe SIÈCLE

1523. Statuette représentant un philosophe Chinois. La tête, les mains et les pieds sont articulés.

Hauteur : 0m,11.

1524. Boîte de forme tubulaire composée de deux compartiments superposés, et d'un couvercle plat. Travail de damasquine offrant des frises de dragons dans les nuages. Travail chinois.

Au revers un cachet d'or indiquant comme date la période de Sentokou (1426-1435).

OBJETS EN FER DU XVIe SIÈCLE

1525. Brûle-parfums, représentant une branche de kaki avec ses feuilles et le fruit qui s'ouvre par le milieu. Un petit papillon sert de bouton.

Hauteur : 0m,10.

1526. Tube servant dans les cérémonies du thé à poser soit le couvercle de la bouilloire d'eau, soit la cuillère de bambou qui déverse l'eau dans la tasse. Il figure une feuille de palmier enroulée.

Hauteur : 0^m,05.

1527. Godet à eau pour délayer l'encre de Chine, en forme d'une théière à fond plat. Incrustation d'argent, au pourtour, d'un semis de fleurs, disposé d'une façon géométrique.

Diamètre : 0^m,07.

1528. Brûle-parfums en forme de sablier, couronné par un couvercle hémisphérique. Il est couvert d'un décor niellé, représentant des oiseaux au milieu de rinceaux fleuris.

Hauteur : 0^m,09.

1529. Pot à cendre de forme cylindrique, à couvercle ajouré et surmonté d'un lapin à longues oreilles.

Travail de damasquine or et argent, représentant des personnages Chinois dans un paysage.

Hauteur : 0^m,08.

1530. Deux boîtes en forme de bonbonnière. Fer repoussé ou niellé.

OBJETS EN FER DU XVIIe SIÈCLE

1531. Sébile de forme lobée. Le renflement de sa partie supérieure est bordé d'une double frise en fils d'argent incrustés.

Diamètre : 0^m,20.

OBJETS EN FER DU XVIIᵉ SIÈCLE.

1532. **Sceptre** de prêtre bouddhiste. Il est incrusté sur la partie principale du caractère qui signifie : longévité. Le manche est gravé sur la face d'une sentence poétique et son revers porte en lettres d'or des caractères symboliques.

Longueur : 0ᵐ,39.

1533. **Écritoire portative** se composant d'une boîte à deux compartiments en forme d'inrô, et d'un tube à pinceau. Le tout est ciselé à dessin de dragons et de nuages, et damasquiné de deux tons d'or. Le culot de la boîte et les anneaux où passe le cordon de soie sont d'argent.

1534. **Presse-papier** en forme de feuille, portant une araignée, ciselée en bas-relief. Près de la tige sont percés deux trous cerclés d'or.

1535. **Petit tube** niellé, servant dans les cérémonies du thé. Il a la forme d'un mortier.

Hauteur : 0ᵐ,04.

1536. **Deux plaques** de brassières d'armures, damasquinées d'or et d'argent à motif central de dragon enroulé.

1537. **Jardinière** basse de forme rectangulaire, munie à chaque extrémité d'une poignée mobile.

Longueur : 0ᵐ,25.

1538. **Deux théières** en forme de melon. L'une est niellée à dessin de vrilles, et l'autre porte, en applications d'argent, une feuille de la plante du melon et une limace grimpant le long du fruit. Une guêpe en métal mixte orne le couvercle.

Diamètre : 0ᵐ,13.

1539. **Porte-bouquet d'applique** en forme de cornet pointu. Il est incrusté en argent d'un lapin et du croissant lunaire.

Hauteur : 0ᵐ,10.

1540. Boîte à tabac portative à charnière. Travail de damasquine, représentant un semis de fleurs de cerisier.

<blockquote>Pièce reproduite dans l'*Art japonais* de Louis Gonse, tome II, p. 171, d'après un dessin de Henri Guérard.</blockquote>

1541. Grand éventail de guerrier. Les panaches, en fer, sont niellés d'un dessin de rinceaux, coupé par l'armoirie de la famille Naïto. La feuille de l'éventail, en soie, est décorée de paysages d'un côté; l'autre face représente l'épisode des sept lettrés Chinois dans la forêt de bambou.

1542. Masque de guerrier, en fer repoussé, donnant le modelé d'une figure humaine d'expression terrible. Moustache en crin. Laqué rouge à l'intérieur.

OBJETS EN FER DU XVIIIe SIÈCLE

1543. Pot à charbons ardents de forme carrée à angles abattus et surmonté d'un couvercle bombé et ajouré. Il est damasquiné d'un décor à bâtons rompus.

<blockquote>Hauteur : 0^m,13.</blockquote>

1544. Trois éventails de guerriers, dont deux à panaches niellés. Feuilles des éventails en papier.

1545. Bol de forme évasée, orné en saillie d'un dessin géométrique qui est coupé de médaillons où se lisent des motifs de chimères ou de fleurs. Intérieur laqué rouge.

<blockquote>Diamètre : 0^m,19.</blockquote>

1546. Deux jardinières mignonnettes damasquinées; l'une, ronde et tripode; l'autre, de forme rectangulaire, est à quatre pieds.

1547. **Éventail de guerrier** à monture de fer. Chacun des panaches est buriné d'une chimère au milieu de pivoines. La feuille de l'éventail est en papier nuagé d'or.

1548. **Deux petites jardinières** de forme rectangulaire, reposant sur quatre pieds et portant chacune deux anses placées à l'orifice dans le sens de la hauteur. Sur l'une d'elles on remarque des traces de niellure et l'autre porte des ornements en relief.

1549. **Boîte à tabac portative** en forme de pochette, offrant sur chaque face un papillon en fils d'or au milieu de vrilles en incrustations d'argent.

1550. **Gobelet** ajouré avec parties damasquinées, représentant des nuages au milieu desquels apparaissent l'oiseau de Hô et le dragon de la pluie. Il est doublé d'un intérieur en cuivre.

Hauteur : 0^m,09.

1551. **Couvert** composé de deux bâtons à manger et d'une cuillère, qui portent pour décor un semis de la fleur impériale du chrysanthème, en damasquine d'or. La coquille de la cuillère est en argent.

Longueur : 0^m,26.

1552. **Petite boîte** à charnière, en forme de bonbonnière plate. Le couvercle est damasquiné d'une bordure, encadrant un enroulement de dragon, et, au revers, est représenté un saule sous lequel on voit une grenouille, figurée en relief doré.

1553. **Petit brûle-parfums** représentant une mante religieuse dont tous les membres sont articulés. La tête et les ailes présentent des frottis d'or.

1554. Petit bol de travail chinois. Le pourtour est en fer niellé à dessin de bâtons rompus, qui laisse en réserve deux médaillons de cigognes au milieu des fleurs. Le bord et le culot sont en bronze frotté d'or, et le tout est doublé d'un intérieur d'argent.

Diamètre : 0^m,05.

1555. Bouilloire à eau en fonte à monture d'argent, en forme de théière. Un dragon en plein relief de cuivre doré est appliqué sur l'une des deux faces. Le revers porte le même motif fondu dans la matière. Le couvercle est incrusté d'une plaque de jade ajourée.

1556. Petit crabe dont les pattes et les pinces sont articulées

Il manque une patte.

OBJETS EN FER DU XIXe SIÈCLE

1557. Bouilloire à eau en forme de théière carrée, offrant en bas-relief des tiges de chrysanthème fleuries. Couvercles en laque noir à décor d'or.

Hauteur : 0^m,15.

1558. Boîte de forme plate et lobée, doublée d'argent. Le couvercle, qui forme recouvrement, porte en incrustations d'or et d'argent, un motif de chat, attrapant des oiseaux au milieu d'un paysage. Travail de damasquine au pourtour.

1559. Théière en fonte, représentant des fagots noués. Couvercle d'argent avec bouton en calice de fleur. L'anse est niellée d'argent.

1560. **Petit sifflet,** décoré d'une vrille de vigne en application d'or ciselé.

PIÈCE CORÉENNE

1561. **Coffret** en fer niellé de dessins géométriques, avec une anse en cuivre jaune.

Longueur : 0ᵐ,10.

DESSIN A LA PLUME DE PHILIPPE BURTY
(Pièce n° 1593 du Catalogue.)

OBJETS EN BRONZE

BRONZES ANTIQUES

1562. CHINE. **Miroir métallique** en bronze antique. Il est formé d'un disque, orné de frises entaillées ou fondues en bas-reliefs, qui se composent d'ornements hiératiques, antérieurs au bouddhisme variés. Sur le cercle qui entoure le centre se détachent quatre boutons en forte saillie. La housse de soie japonaise qui l'enveloppe porte l'indication : « L'expert Zôrokou atteste que ce miroir est resté enfoui pendant plus de mille années. Quand on l'a retiré de terre, il était recouvert d'une épaisse couche de noir et ce n'est qu'à force de soins que sa beauté a reparu.

Ces miroirs ont été fabriqués dans la période de Han (premier siècle avant J.-C.), mais cette pièce porte l'apparence d'une reproduction plus récente de quatre ou cinq siècles.

Diamètre : 0^m,15.

1563. — **Bol uni** de forme évasée à patine verte.

Diamètre : 0^m,16.

BRONZES DU XVIe SIÈCLE

1564. Vase cylindrique, s'élargissant en carré par la base ; il est enroulé d'un dragon fondu à cire perdue dans la masse.

Cet objet a l'apparence d'une vieille pièce que le temps aurait rongée et qui aurait été restaurée au moyen d'un enduit marbré de laque rouge, à l'imitation d'une patine.

OBJETS EN BRONZE DU XVIᵉ SIÈCLE.

1565. CHINE. Vase en bronze, à patine foncée, offrant des scories rouges. Il est en forme de balustre carré, richement orné de dessins archaïques en bas-relief. Deux anneaux sont appendus aux côtés. Socle en bois noirci.

Hauteur : 0ᵐ,22.

1566. — Jardinière à patine jaune tachetée d'or. Elle est de forme sphéroïdale et garnie de deux anses où pendent des anneaux mobiles.

Hauteur : 0ᵐ,08.

1567. — Vase hexagone de patine brune. Le col et le pied, de forme cintrée sont ornés d'un petit quadrillé. Deux boutons garnissent les côtés. Socle en bois.

Hauteur . 0ᵐ,19.

1568. —. Vase de patine foncée. Il est en forme lobée à côtes tournantes, et orné en relief de branchages fleuris avec parties détachées à jour.

Hauteur : 0ᵐ,20.

1569. — Petit bol évasé de patine foncée, offrant des marbrures rouges. Il est orné d'un niellé d'argent, dont le dessin représente des coquilles et une poésie. Socle en bois dur, ainsi que le couvercle, qui est ajouré et surmonté d'un bouton en malachite.

Hauteur : 0ᵐ,06.

1570. — Agrafe de ceinture incrustée d'argent et de malachite. Elle est formée d'une tige recourbée qui se termine par une tête d'animal chimérique. Au revers, au bout d'une petite gorge, est placé le bouton plat qui entre dans la boutonnière.

Longueur : 0ᵐ,12.

BRONZES DU XVIIᵉ SIÈCLE

1571. CHINE. Bassine à patine brune et de forme surbaissée, garnie de deux boutons en têtes de chimères. Socle bois.

Diamètre : 0ᵐ,15.

1572. — Vase à patine blonde, nuancée de marbrures foncées. La panse, aplatie sur ses deux faces, et très étendue dans le sens de la largeur, se termine par un étroit goulot à renflement supérieur. Deux anses à têtes de chimères garnissent l'épaulement.

Des détériorations sur le côté et au pied.
Dimensions : 0ᵐ,31 de haut sur 0ᵐ,38 de large.

1573. — Petit pot ovoïde de patine blonde. Il est garni de deux boutons saillants, et se ferme par un couvercle en bois ajouré, surmonté d'un bouton en pierre, qui représente un champignon.

Hauteur : 0ᵐ,04.

1574. — Brûle-parfums tripode à corps cylindrique, s'évasant vers l'orifice, qui est surmonté de deux anses en hauteur, et garni d'un couvercle en bois ajouré. Les pieds figurent des têtes d'éléphant, dont les trompes reposent sur un socle en bois noirci, assorti au couvercle.

Hauteur : 0ᵐ,20.

1575. — Vase à patine brun clair, jaspé jaune. Il est en forme d'un balustre ovale et trapu. Deux boutons en têtes de chimères garnissent les côtés.

Hauteur : 0ᵐ,10.

1576. — L'apôtre Dharma assis sur un rocher, qui est figuré par un morceau de vieux bois.

Hauteur : 0ᵐ,18.

1577. Tigre assis, retournant le cou et levant la tête. Fonte à cire perdue sans retouche, à patine noire sur fond brun.

Signé : Tsunénobou.

Hauteur : 0ᵐ,20.

Pièce gravée d'après un dessin de Ph. Burty et publiée dans l'unique numéro du *Japon Artiste*.

1578. Le personnage légendaire Bokousen, le pied droit posé sur le dos d'un dauphin, la jambe gauche levée et repliée en arrière, comme pour courir.

Hauteur : 0ᵐ25.

1579. Tasse conique, garnie d'un long manche recourbé qui s'attachait à la selle des guerriers en campagne. Bronze jaune, gravé d'un fond de vrilles, coupé par un semis de pivoines épanouies.

1580. Statuette d'un ascète en contemplation, les jambes croisées. Socle en bois.

Hauteur : 0ᵐ,11.

BRONZES DU XVIIIᵉ SIÈCLE

1581. CHINE. Cassolette à patine jaune tachetée d'or. Elle forme un rectangle qui repose sur quatre pieds. La partie supérieure qui est à profil cintré, porte deux anses à ses faces latérales.

Malgré l'inscription, fondue au revers de la pièce, qui la date de la dynastie des Ming, ce pourrait être une reproduction, faite au xviiiᵉ siècle.

Longueur : 0ᵐ,08.

1582. — Petit bol évasé, de patine foncée. Il est gravé en creux d'un dessin à bâtons rompus, où se remarquent les restes d'un niellé d'argent.

Diamètre : 0ᵐ,07.

1583. CHINE. Brûle-parfums rectangulaire supporté par quatre pieds, et surmonté, sur ses faces latérales, de deux anses en hauteur. Le décor, en bas-relief, se compose d'une ornementation archaïque.

Longueur : 0^m,16.

1584. — Petit vase à patine foncée et de forme balustre. Deux anneaux mobiles sont pris dans des boutons saillants sur les côtés. Il est niellé de fils d'argent qui forment un dessin ornemental de caractère archaïque.

Hauteur : 0^m,07.

1585. — Vase de patine brune. Le corps du vase, de forme carrée avec angles saillants et ajourés, est surmonté d'un col cylindrique. Bas-relief de cigognes, volant au milieu de nuages d'un dessin ornemental. Socle bois.

Hauteur : 0^m,22.

1586. — Brûle-parfums à patine rouge, de forme surbaissée, et garni de deux anses à têtes chimériques. Le pourtour est à fond granulé sur lequel se détachent en bas-reliefs dorés des tiges de chrysanthèmes en fleurs et des papillons. Les anses sont dorées en parties et au revers se voit un papillon doré à linéaments gravés. Le couvercle, en bois ajouré, est surmonté d'un bouton de jade évidé, représentant des cerfs abrités par un arbre.

Diamètre : 0^m,10.

1587. — Vase en forme de balustre carré, garni de deux anses à têtes chimériques où pendent des anneaux. Il est d'une patine blonde et niellé de fils d'argent, qui forment un décor archaïque, à base de bâtons rompus.

Hauteur : 0^m,38.

1588. — Petite coupe en bronze argenté, de travail chinois. Elle est supportée par trois pieds élevés et surmontée de deux anses droites. Le pourtour est divisé en quatre compartiments, où se détachent en plein relief des scènes à personnages et un médaillon de fleurs.

Hauteur : 0^m,10.

1589. **Boîte** à charnière représentant un crabe.
>Longueur : 0ᵐ,09.

1590. **Objet d'étagère**, représentant la tige d'un arbuste sur laquelle s'est posée une cigale.
>Hauteur : 0ᵐ,25.

1591. **Deux jardinières** à anses, l'une, de forme ovale, est supportée par trois pieds et ornée de niellures; l'autre est ronde et offre un ornement hiératique de style chinois.
>Hauteur : 0ᵐ,19 et 0ᵐ,08.

1592. **Tortue,** portant son petit sur sa carapace.

1593. **Tortue** en marche, le cou tendu.
>Signée : SEIMIN.
>(Réparations à la queue).
>Longueur : 0ᵐ,12.
>Pièce reproduite, d'après un dessin de Ph. Burty, dans le *Japon artiste*.

1594. **Brûle-parfums** en forme de chimère, s'arc-boutant sur ses pattes de devant.
>Hauteur 0ᵐ,20.

1595. **Support** figurant des tiges de bambou, reliées dans le haut par un anneau. Sur ce support une boule en cristal de roche de 0ᵐ,06 de diamètre.
>Longueur du support : 0ᵐ,15.

1596. **Petite boîte** oblongue à renfermer l'encre de Chine. Elle est en cuivre jaune et semée de fleurs de cerisier en doux relief.
>Longueur : 0ᵐ,10.

1597. **Le personnage légendaire Bokousen** tenant de son bras gauche étendu une petite coupe qui renferme une boule en cristal de roche.
>Hauteur : 0ᵐ,18.

1598. **Buire** de forme balustre, avec couvercle en bois, qui est retenu à l'anse au moyen d'une charnière d'ivoire; l'anse porte gravés à sa partie inférieure, les caractères Hojuin, nom du temple dont sort l'objet.

Hauteur : 0^m,25.

1599. **Brûle-parfums**, représentant un héron debout, la tête tournée de côté.

Hauteur : 0^m,22.

1600. **Presse-papier** figurant une pieuvre qui tient un petit éventail éployé.

Hauteur : 0^m,08.

1601. **Petit brûle-parfums** représentant un lapin, dont le poil est imité par des stries finement gravées.

Hauteur : 0^m,04.

1602. **Godet à eau** pour délayer l'encre de Chine. Il représente un sac de riz sur lequel est grimpée une souris.

Hauteur : 0^m,05.

1603. **Presse-papier** représentant deux pommes de pin.

Signé : Tsutshighen.

Longueur : 0^m,05.

1604. **Vase** de forme élancée, renflé au col. Sur fond granulé se détache en bas-relief un vol d'oiseau au milieu de millet, dont deux tiges se recourbent pour former les anses.

1605. **Vase** à panse surbaissée, surmontée d'un col qui s'évase par les bords. Il imite un clissage de bambou.

Hauteur : 0^m,20.

1606. **Vase** de forme allongée à deux anses, imitant un tressé de bambou.

Hauteur : 0^m,20.

1607. Petit groupe de tortues l'une grimpant sur le dos de l'autre.
Signé : Seimin.
Longueur : 0^m,07.

1608. Petit crabe. Il est frotté d'or, et ses pinces sont laquées rouge.
Longueur : 0^m,06.

1609. Brûle-parfums représentant une oie debout, levant la tête.
Hauteur : 0^m,26.

1610. Brûle-parfums représentant une cigogne, debout sur une feuille de lotus, le cou tendu et retournant la tête.
Hauteur : 0^m,35.

1611. Porte-bouquet d'applique, représentant une cucurbitacée couvert de ses feuilles, sur lesquelles s'est posée une cigale.
Hauteur : 0^m,14.

1612. Cerf couché le cou allongé et retournant la tête.
Hauteur : 0^m,11.
Quelques cassures au revers.

1613. Flambeau représentant une tige de lotus, garnie de boutons.
Hauteur : 0^m,40.

1614. Brûle-parfums représentant le cerf du patron des lettrés. Il a le dos chargé de tous les attributs du dieu, savoir : son écran, la branche de pêcher fleurie, le champignon symbolique, le rouleau des écritures et une boule en cristal de roche.
Hauteur : 0^m,25.

1615. Poisson dressé debout sur sa queue. Sa bouche ouverte tient une boule en cristal de roche; et ses yeux sont figurés par des perles de même matière. Socle en bois.

Hauteur : o^m,20.

1616. Éventail à panaches de bronze niellé. La feuille porte une poésie tracée à l'encre de Chine sur papier de ton usé.

1617. Presse-papier représentant une mante religieuse. Elle est posée sur quatre pattes, la partie antérieure du corps dressée en l'air, et ses quatre ailes à demi éployées.

Longueur : o^m,10.
Cette pièce a été reproduite, d'après un dessin au crayon de Ph. Burty, dans l'unique numéro du *Japon artiste*.

1618. Pot à conserver le thé, en bronze, doré tant à l'intérieur qu'à l'extérieur. Il se ferme au moyen d'une capsule qui retombe sur l'épaulement du vase, et par un bouchon intérieur à l'orifice du col. Au pourtour du vase courent les vrilles d'une plante de mauve, gravées en creux. Sur l'épaulement se détachent en relief cinq boutons qui offrent l'armoirie des Tokougawa, composée de trois feuilles de mauve affrontées. Le dessus de la capsule est orné de la même armoirie, mais grandie, et exécutée sur un champ d'émail bleu.

Hauteur : o^m,16.

1619. Deux brûle-parfums cylindriques en bronze doré, ornés de gravures. Les couvercles sont découpés à jour.

1620. Deux pièces en bronze doré. Une boîte de forme cylindrique et plate gravée de méandres, et une petite coupe conique, gravée sur fond chagriné de bambous et de pivoines en fleurs.

1621. Tube cylindrique à bord ajouré d'oiseaux héraldiques dorés. La partie pleine est ornée d'un dessin gravé et doré représentant le Kilin sur un terrain entouré de vagues.

Hauteur : o^m,11.

1622. **Attribut de prêtre bouddhique** en bronze doré et finement ciselé. Il se compose d'une tige en forme de balustre à facettes, qui se termine à chaque bout par une pointe entourée de quatre griffes crochues.
Longueur : 0ᵐ,20.

BRONZES DU COMMENCEMENT DU XIXᵉ SIÈCLE

1623. CHINE. Vase de patine claire en forme d'un balustre aplati par le haut et par le bas. La partie supérieure est garnie d'anses, maintenues par des têtes chimériques.
Hauteur : 0ᵐ,26.

1624. Vase de forme balustre, garni de deux anses. Une riche ornementation en bas-reliefs fondus à cire perdue, représente des vues de montagnes boisées.
Signé : TAKUSAÏ.
Hauteur : 0ᵐ,20.

1625. **Vase de temple** de forme balustre, entouré sur la panse d'une bande, qui porte en relief les armoiries impériales du paulownia et du chrysanthème.
Hauteur : 0ᵐ,19

1626. Vase de forme carrée à col étiré, patiné de taches rouges.
Hauteur : 0ᵐ,30.

1627. Vase de forme allongée, garni sur les côtés de deux boutons en relief, à têtes de chimères. Sur le fond mat s'enlève, en ton plus lustré, un dessin vermiculé, coupé par la fleur héraldique du chrysanthème.
Hauteur : 0ᵐ,18.

1628. Tube uni à patine verte. Il est garni d'un anneau de suspension.
Hauteur : 0ᵐ,24.

1629. Vase cylindro-ovoïde avec étranglement au col et garni de deux anses près de l'orifice. En haut et en bas deux bordures gravées à dessin de palmettes.

Hauteur : 0^m,17.

1630. — de forme carrée avec col et pied cylindrique. Décor d'ornement en demi-relief. Il n'y a pas de fond.

Hauteur : 0^m,21.

1631. — cylindrique avec étranglement au col. Le col est garni de chaque côté d'une tortue formant bouton, et la surface du vase est décorée en demi-relief de dragons sur un fond quadrillé.

Hauteur : 0^m,21.

1632. **Jardinière** de forme basse et lobée, représentant le vieux tronc d'un arbre coupé, garni de lianes.

Signée : YOSHIMITSHI.

Diamètre : 0^m,13.

1633. **Brûle-parfums** de suspension, représentant un singe qui s'accroche de son bras droit plus long que nature.

Hauteur : 0^m,25.

1634. **Tortue** en marche, le cou tendu.

Longueur : 0^m,10.

1635. **Crabe.**

Signé : TSHUDJI-I.

Longueur : 0^m,17.

1636. **Deux pièces.** Coq et poule.

1637. **Groupe de deux crapauds,** l'un monté sur le dos de l'autre.

1638. Quatorze presse-papiers. Fruits, animaux, maisonnette.

1638 bis. Cinq petits supports variés.

1639. Vase piriforme supporté par trois pieds. Sur le corps du vase, qui présente un fond rugueux, est serti une partie supérieure en cuivre jaune qui forme le col, et qui s'étend sur la panse par des coulures en forme de larmes, figurant un débordement de liquide.

Hauteur : 0^m,19.

1640. Deux vases hexagonaux, décorés d'ornements en bas-reliefs.

Hauteurs : 0^m,22 et 0^m,17.

1641. Bouteille à long col à patine marbrée de rouge.

Hauteur : 0^m,25.

1642. Petite bouilloire à eau en cuivre martelé, ornée de parties argentées.

Hauteur : 0^m,07.

1643. Serre-papiers en bronze argenté. Il est formé de deux touffes d'iris qui posent parallèlement dans un socle de bois.

Hauteur : 0^m,15.

1644. Petit support, représentant un éventail déployé qui serait posé sur une branche de prunier, dont les fleurs sont d'argent.

Longueur : 0^m,10.

Pièce reproduite dans l'*Art Japonais* de Louis Gonse, tome II, p. 175, d'après un dessin de Henry Guérard.

1644 bis. Trois petites boîtes variées.

1645. Briquet à charnière en bronze jaune granulé, semé au revers de petites fleurs de cerisier en argent ciselé. En dedans se trouve le marteau en fer qui s'abat sur la pierre, si l'on presse un petit bouton, pratiqué à l'extérieur.

1646. **Senkotaté** (Tube à ustensiles à parfums) en bronze doré, de forme hexagonale à bord plat. Les six faces sont gravées d'ornements et de fleurs, et deux d'entre elles sont ajourées d'alvéoles.

Hauteur : 0m,08.

1647. **Plaque** oblongue en bronze fondu et doré, offrant en haut-reliefs des chimères gambadant au milieu de pivoines.

Longueur : 0m,22.

1648. **Petit vase de temple** en bronze doré, de forme balustre. Ornement à palmettes.

Hauteur : 0m,13.

DESSIN AU CRAYON DE PHILIPPE BURTY

(N° 1617 du Catalogue).

OBJETS EN ARGENT

1649. **Petit flacon** en forme de bouteille, décoré, en gravure, de touffes de chrysanthèmes autour desquelles serpente un ruisseau. Bouchon en fleur de chrysanthème.

  Hauteur : 0ᵐ,08.

1650. **Boîte à parfums** en forme de coquille bivalve. Sur un fond chagriné se détache le décor d'une grue, volant au-dessus d'un vieux sapin.

  Longueur : 0ᵐ,08.

1651. **Petit bol à saké** à bord évasé.

  Diamètre : 0ᵐ,06.

1652. **Boîte à parfums** de forme plate et lobée, décorée en bas-reliefs d'un motif de coquillages.

  Longueur : 0ᵐ,05.

1653. **Petit support** à 4 pieds contournés, et gravé d'ornements.

OBJETS EN ARGENT.

1654. Godet à eau pour délayer l'encre de Chine. Il figure un coq posé sur un petit tambour.

1655. Éventail à panaches d'argent, portant, en gravure, un décor de pins, de pruniers et de bambous.

 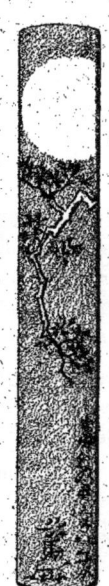

MANCHE DE KODZUKA, FACE ET REVERS
(Dessin au crayon de Philippe Burty. — Pièce n° 1050 du catalogue.)

PEIGNES

1656. Peigne en ivoire de forme cintrée, offrant un damier rouge et blanc. Chaque carré est décoré d'un attribut en laque d'or.

1657. — en forme haute et cintrée, en laque d'or mat, incrusté de fleurs de cerisier en argent au milieu d'un paysage printanier, qui se poursuit sur les deux faces.

1658. Deux peignes semi-circulaires en laque d'or mat, à décors de fleurs.

1659. Peigne en ivoire, de forme cintrée, décoré en laque d'or de papillons, volant au-dessus de fleurs champêtres, faces et revers.
Signé : KAJIKAWA.

1660. — en ivoire, de forme cintrée, offrant sur les deux faces un décor en laque d'or, discrètement rehaussé de burgau, qui représente une gerbe de fleurs et de graminées.
Signé : SHÔZAN.

1661. — en ivoire, rectangulaire. Il est décoré en laque d'or sur chaque face d'un massif fleuri.

ÉPINGLES A CHEVEUX.

1662. **Peigne** en ivoire, en forme de croissant. Il est incrusté en nacre, en écaille, et en ivoire teinté, d'une gerbes de plantes fleuries, retombant des deux côtés de la tranche.
Signé : MOUNÉKADZU.

1663. — de forme cintre, en laque d'or et de couleur, incrusté sur les deux faces, de burgau et d'or en feuilles. Fleurs de cerisier, chrysanthème et graminées.

1664. — de forme cintrée, en laque d'or, décoré sur les deux faces. Faisan et poule faisane.
Signé : TSHIOZAN.

1665. — de forme cintré, en laque d'or, incrusté d'un dragon de nacre qui sort des nuages.
Signé : YOYOUSAÏ.

1666. **Trois peignes** de forme cintrée, en laque d'or bruni, à décors de fleurs ou d'oiseau. Deux sont incrustés de nacre ou de corail.

1667. **Peigne** en écaille entourée d'une feuille de cuivre doré, offrant un motif gravé. Le bord est orné de petites perles de verre bleu.

1668. **Trois peignes** variés de forme, à décor de fleurs.

1669. **Peigne** en bois clair, laqué d'or à motifs d'éventails.
Signé : KIKOUGAWA.

ÉPINGLES A CHEVEUX

1670. **Épingle à cheveux** en métal blanc ciselé, avec rehauts d'or. La tête de l'épingle se compose d'une plaque ajourée, simulant des feuillages, où se posent deux hirondelles, fixées par des rondelles mobiles. Tout autour pendent

ÉPINGLES A CHEVEUX

douze chaînettes tressées, chacune se terminant par un profil d'hirondelle en laiton de métaux variés.

1671. **Deux épingles à cheveux** en fer damasquiné, l'une d'un motif de dragon et l'autre d'ornements géométriques.

1672. **Huit épingles à cheveux** en métal, ornées d'incrustations et d'appliques en or, en corail, etc.

1673. **Deux épingles à cheveux** en corne ou en ivoire, décorées chacune d'un petit crabe.

1674. **Trois barrettes de coiffure** à bouts recourbés en laque d'or.

1675. **Trois barrettes de coiffure** en burgau laqué d'or.

1676. **Trois barrettes de coiffure** en bois, laquées d'or à chaque extrémité.

1677. **Barrette de coiffure** à bouts mobiles, en laque d'or incrustés de corail.

1678. **Barrette de coiffure** à bouts mobiles de forme carrée, en ivoire portant un semis de laque d'or.

1679. **Épingle à cheveux** en argent ajouré. Elle représente un papillon aux ailes déployées et se trouve munie à sa partie antérieure de petites pendeloques, qui simulent des fleurs de cerisier.

1680. **Barrette d'ivoire**, figurant un personnage peu vêtu, aux jambes démesurément longues, et les bras levés pour s'étirer.

Longueur : 0^m,17.

USTENSILES D'ÉCRITURE

1681. **Pinceau** en laque rouge sculpté, à motifs de bambous, de pêchers en fleurs et de branches de sapin.

1682. **Trois pinceaux** en laque d'or, en laque noir ou en laque de couleur.

1683. **Gaine** de couteau-grattoir en fer damasquiné, à motif de dragon.

1684. **Règle** en fer damasquiné. Fond de bâtons rompus, avec réserve de deux cartouches, chargés de motifs d'oiseaux.

1685. **Encrier portatif** en fer, damasquiné de dessins géométriques.

1686. **Écritoire de poche**, se composant d'une boîte en bois dur, contenant deux pinceaux, un bâton d'encre de Chine et la pierre à broyer.

1687. **Pierre** à broyer l'encre de Chine. Elle porte, gravé sur une de ses quatre faces, un motif de fleurs de cerisier flottant sur l'eau.

1688. **Trois pose-pinceaux** de forme concave et oblongue, en bois sculpté ou gravé.

USTENSILES D'ÉCRITURE. 259

1702. Pinceau en porcelaine blanche, décorée de branches fleuries. Le tube supérieur qui se glisse par-dessus les soies du pinceau est en porcelaine de la Chine; tandis que le manche paraît être en porcelaine Japonaise.

Inscription au manche : Dynastie Ming, époque Banréki; et au tube supérieur, une sentence qui dit que « il faut rendre grâces aux saints Philosophes de notre habileté, au lieu de l'attribuer à notre propre mérite. »

GRÈS DE BIZEN

Dessin à la plume de Philippe Burty. — (N° 1500 du Catalogue.)

CLOISONNÉS

CLOISONNÉS DU XVIIᵉ SIÈCLE

1703. **Bol hémisphérique** à fond bleu, portant un semis de rosaces blanches à cœurs rouges.

1704. **Petite jardinière** conique, émaillée à champlevé dans un bronze de patine foncée.

1705. **Deux boîtes rondes**, l'une plate, l'autre bombée. Semis de fleurs sur fond bleu.

CLOISONNÉS DU XVIIIᵉ SIÈCLE

1706. **Plateau rond** à bords relevés. Fond bleu semé de quatre médaillons de tons variés, à décor de fleurs.

1707. **Brûle-parfums** de forme cylindrique à épaulement renflé. Il est élevé sur trois pieds en bronze, et l'orifice est serti d'un bord de même matière, ainsi que le couvercle, qui est lui-même surmonté d'une chimère en bronze. Le pourtour est à fond bleu, sur lequel se détachent des enroulements de dragons.

ÉTOFFES

1708. Quatorze Fouk'sa en satin brodé.

1709. Cinq Fouk'sa en soie, brodés d'armoiries.

1710. Huit Fouk'sa en soie brochée.

1711. Deux Fouk'sa en velours épinglé.

1712. Quatre petits Fouk'sa en crêpe teinté avec réserves d'armoiries ou d'autres sujets.

1713. Six Fouk'sa en crêpe teint, et enrichi soit de peintures, soit de parties brodées.

1714. Quatre robes de poupées tissées ou brodées.

1715. Treize coupons d'étoffes brochées.

1716. Cinq ceintures de femmes. Soie brochée.

OBJETS DIVERS

1717. **Brûle-parfums** en métal blanc. Il est de forme ronde à couvercle bombé, dont le travail ajouté représente une grue planant dans les nuages. Le pourtour est gravé d'ornements.
   Hauteur : 0^m,08.

1718. **Coupe à saké** en étain, décorée en bas-relief d'un vieux cerisier, dont les fleurs sont simulées par des incrustations de cuivre.
   Diamètre : 0^m,08.

1719. **Deux petits flacons** en forme de gourdes, servant de netsuké. Le plus grand est en shibuitshi, orné de feuille de vignes en application de métaux variés; l'autre est en fer damasquiné.

1720. **Boîte à rouge** en bronze rouge, de forme plate et hexagonale. Le couvercle porte gravé en creux deux hautes meules de paille, éclairées par la lune, qui est incrustée en argent. Quelques petites fleurs mêlent leurs pétales d'or à de hautes herbes, figurées en gravures. L'intérieur du couvercle est doublé d'argent.
   Signée : Itshimiya Kenriushi Nagayoshi.

OBJETS DIVERS.

1721. **Garniture de fard,** composée de deux petites boîtes plates, d'une petite brosse et d'un pinceau. Les boîtes, ainsi que les montures des accessoires sont en shibuitshi avec un décor gravé et incrusté d'argent qui représente des cerisiers en fleurs. Le tout s'enveloppant dans un carré de soie.

1722. **Bloc** en verre bleu, taillé à facettes, pour servir à broyer l'encre de Chine. Il est encastré dans un plateau en bois sculpté, et la partie creusée à la surface supérieure est recouverte par une rondelle en bois sculpté, dont le sujet représente le dragon émergeant des flots, au pied du Foujiyama.

Diamètre : 0^m,19.

1723. **Coupe** en verre vert, à bords élevés, de forme de carrée avec angles arrondis. Elle offre sur ses quatre faces extérieures des ornements saillants à motifs de dragons.

Diamètre : 0^m,13.

1724. **Boule** en cristal de roche, reposant dans un support de fer niellé en forme de feuille.

Diamètre de la boule : 0^m,08.

1725. **Boîte cylindrique** pour serrer les écritures sacrées, à l'usage des bonzes. Elle est en bois recouvert de brocart d'argent, et richement montée d'une garniture de cuivre gravé, aux armes des Tokougawa. Deux anneaux aux extrémités servent à passer la cordelière de suspension.

1726. **Vase** en cristal de roche de travail chinois. Il est de forme élevée, taillé à quatre faces, et porte sur les côtés deux anses, évidées dans le bloc. Socle en bois dur.

Hauteur : 0^m,11.

1727. **Petite coupe** en cristal de roche, ovale, en forme de feuille de lotus. Travail chinois.

Longueur : 0^m,09.

OBJETS DIVERS.

1728. Cachet en cristal de roche en forme d'un rectangle plat surmonté d'une chimère prise dans la masse. Travail chinois, avec deux initiales gravées en Europe.

1729. Boules en cristal de roche.

1730. Petite coupe en jade blanc nuagé vert.
Travail chinois.
Diamètre : 0,^{m}10.

1731. Vase en cornaline rouge, représentant un tronc de pêcher où pend un fruit. Chauve-souris au revers. — Travail chinois.
Socle en bois.
Hauteur : 0^m,08.

1732. Bouton de mandarin chinois en cuivre émaillé rose.

1733. Étui à bâtons d'encens. Il forme un tube en bois laqué rouge, avec monture d'ivoire.
Longueur : 0^m,38.

1734. Bouteille formée d'une gourde naturelle, décorée en laque d'or d'une vrille de gourde avec ses feuillages. Une petite tasse à saké, taillée en écorce de gourde et enveloppée d'un filet de soie, est rattachée à la bouteille au moyen d'un cordonnet, qui passe au travers d'un coulant en shakoudô incrusté.
Longueur : 0^m,18.

1735. Petite châsse en laque avec garniture en cuivre gravé et doré. L'intérieur, qui est doré, contient un autel en bronze doré et finement ciselé qui lui-même supporte une figurine d'ivoire, représentant la déesse Monju assise sur un éléphant, un livre ouvert à la main.
Hauteur : 0^m,12.

1736. Garniture pour brûler le parfum. Elle se compose d'un petit plateau rectangulaire en laque, de douze ustensiles en bois ou en métal et de dix sachets en papier d'or et d'argent.

1737. Dix éventails à feuilles de papier ornées de peintures.

1738. Poupée articulée en laque blanc, aux yeux de verre. Elle représente une jeune dame, habillée de vêtements de crêpe.

1739. Petit pot à couvercle de forme cylindrique. Il est en corne transparente, qui permet d'apercevoir un décor peint à la surface intérieure. Ce décor représente en couleurs une scène de personnages chinois.

Hauteur : 0^m,06.

1740. Quatre vases d'applique en osier tressé.

VITRINES

Une vitrine murale en bois de palissandre ciré, avec tablettes en glaces.

Largeur : 1^m,60. — Hauteur : 1^m,18. — Profondeur : 0^m,24.

Deux vitrines murales assorties à la précédente.

Largeur : 0^m,90. — Hauteur : 1^m,18. — Profondeur : 0^m,24.

ERRATA

Nos	Au lieu de :	Lire :
218, 219	Jokwasaï.	Jokasaï.
279	Kajivawa.	Kajikawa.
282	Kôma Sadayei.	Sadasaki.
298	Yamado Shito.	Yamada Rito.
309	Kôma Shinriu.	Kôma Kiyoriu.
346	Seizui.	Shôzui.
384	Kômio.	Kômin.
418	Jugokou.	Jughiokou.
448	Tomoïtsh.	Tomoïtshi.
247, 900, 1013	Kiozui.	Kiyozui.
769	Seiriusaï Tosharu.	Toshiharou.
863	Yakushi.	Jakushi.
951	Jo.	Joï.
972	Tshikano.	Tshikanobou.
1023	Gôto Jinjo.	Gôto Junjo.
1051	Itshiriusaï Atsuaki.	Itshijusaï Atsuaki.
1054	Gôto Mitsuteru.	Gôto Kokwo.
1157	Soshikou.	Soshukou.
1304	Riunin.	Riumin.

La pièce n° 1274, indiquée comme portant la signature Gôto Renjo, n'est pas signée.

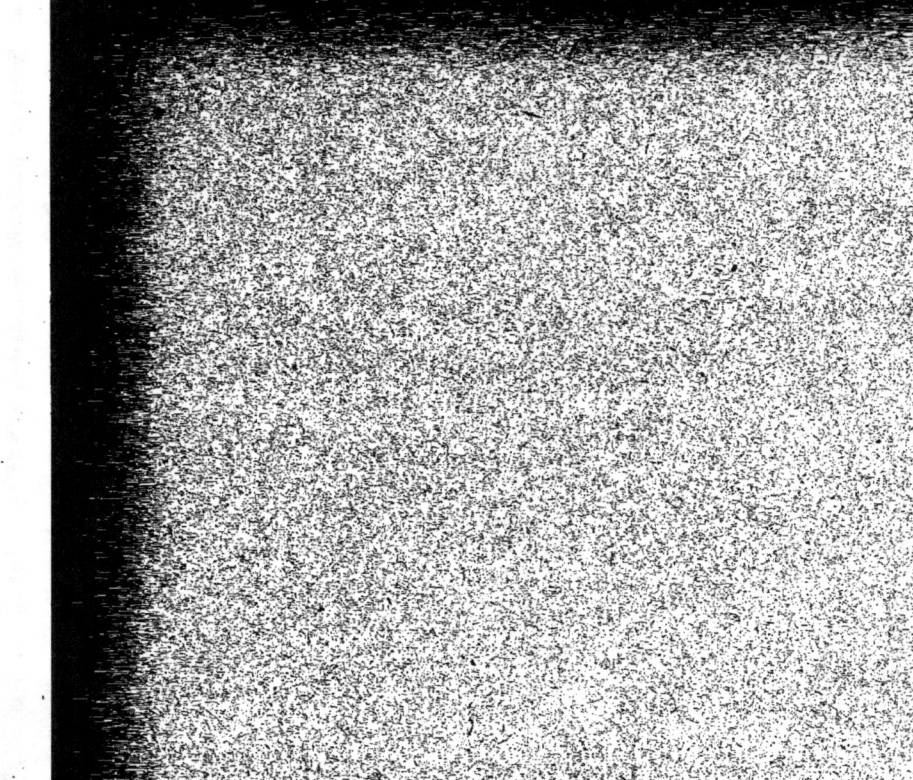

Liste des Signatures

DES

LAQUES, NETSUKÉ

GARDES, KODZUKA, ANNEAUX DE SABRE, MÉNOUKI

ET KANAMONO, CÉRAMIQUES, BRONZES

LAQUEURS

麦秀畔 Bakushiuhan.
(Tshiôhei).
N° 376

文龍齋 Bounriusaï.
211, 351, 403

獨一久甫 Dokoïtsu Kiuhô.
389

春正圖 Harumassa.
N° 130

寿秀 Hissahidé
405

廣瀬永治 Hiroséi Nagaharou.
368

LAQUEURS.

堀越昌次　Horikoshi Massa-tsumi. N° 152

稻葉　Inaba. 381

稻川　Inagawa. 360

慈羊齋　Jiyosaï. 506

自得齋正世　Jittokousaï Ghiokuzan. 214

常嘉齋　Jokasaï. 218, 219, 317 333, 356, 371, 372, 976

如水　Jôshin. N° 22

梶川　Kajikawa. 245, 279, 294, 300, 313 353, 355, 165

梶川英高　Kajikawa Hidétaka. 29

賢哉　Kensaï.

菊川齋東秀　Kikawasaï Tôshu. 38

菊川　Kikougawa. 160

LAQUEURS.

Kiukokou.
N° 260

Kôghioksaï.
409

Kôma.
283, 326

Kôma Kiouhakou.
258, 281

Kôma Kiyoriu.
(Écrit au catalogue Shinriu).
309

Kôma Sadasaki.
Écrit au n° 282 Sadayei.
N°s 282 372 bis

Kôma Yassutada.
304, 314, 361

Kômin.
Au numéro 384 du Catalogue, ce nom est imprimé Kômio.
384 404

Kôrin (Hôkio).
54, 231, 240, 288

Kuho.
293

Kwan.
286

Kwana.
388

272   LAQUEURS.

觀松齋   Kwanshôsaï.
        Nos 184, 373*bis*, 376 *bis*, 377, 386

正久   Shiôkiou.
                                    No 53

鹽見政誠   Shiômi Massasané.
        77, 230, 233, 234, 235, 237, 248, 257, 267

守光   Morimitsu.
                                    407

杏文齋   Shôkôsaï.
                                    374, 375

青々   Seisei.
        40, 232, 295

山東庵京水   Santoan Keizui.
                                    216

松茂齋開正光   Shômosaï Massamitsu.
                                    385

関川   Sékigawa.
        290, 358

松立齋   Shôriusaï.
                                    306

泉里齋   Senrisaï.
                                    408

OUNRIUSAÏ. *Voir* après ZÉSHIN.

LAQUEURS.   273

松立齋建榮

查山   Shôritsusaï Tatsu-yei.
            Nos 291, 302

秀意   Shôzan.
            1660

探泉   Shui.
            315

狀山   Tansen.
            338

桃子   Tshiozan.
            1664

桃秀   Tôshi.
            190

       Tôshu.
            332

桃榮   Toyei.
            No 45

桃葉   Tôyô.
            316, 357

常川   Tsunékawa.
            287

常嘉   Tsunéyoshi.
            926, 1065

千流   Tshuyou.
       (Senriu).
            379

山伊都   Yamada Ito.
            289

山田里桃   Yamada Rito.
       (Écrit au catalogue Shito).
            298

安章彳白   Yassuaki Kiûhako.
            238

LAQUEURS.

安信 Yassunobou. N° 359

安親 Yassushika. 236

楊義 Yômo. 159

楊成 Yôséï. 263, 268

羊遊斎 Yoyusaï. 399, 1069, 1665

有得斎 Youtokusaï. N° 331

是真 Zeshin. 286, 394, 502

雲龍斎 Ounriusaï. 50

Sculpteurs de Bois et d'Ivoire

I. — NETSUKÉ

安樂	Anrakou.	N° 486	
安樂齋	Anrak'saï.	491	
文雅	Bounga.	429	
出目藤原滿英	Démé Foujiwara Massahidé.	425	
出目上満	Démé Joman.	445	
出目古満	Démé Ouman.	426	

鈍樂	Donrakou.	N° 428	
巖永	Ganyei.	377	
玉桂	Ghiok'kei.	456	
玉光	Ghioko.	424	
玉珉	Ghiokoumin.	454	
玉亭	Ghiokoutei.	460	
玉山	Ghiokouzan.	439	
秀正	Hidémassa.	477	

Hidéoki.	N° 410	Issaï.	N° 440
Hiïdzu.	479	Ishi.	496
Hokeï.	414	Ittan.	436
Hôrakoü.	430	Jôriü.	494
Ïotsu.	411, 421	Jôjôsaï.	481
Ittansaï.	420	Jughiokou.	418
Ikôsaï.	474, 475	Kadzumoto.	525

亀 玉　Kighiokou.　Nº 443

菊川　Kikoukawa.　472

孝實　Kôjitsu.　480

虎溪　Kôkeï.　419, 438

光珉　Kômin.　527

正秀　Massahidé.　533

正弘　Massahiro.　462

正女　Massa Jo.　Nº 413

正一　Massakadzu.　458

正直　Massanao.　427, 461, 476

正利　Massatoshi.　487

祢亞山　Miasan.　501

民谷　Minkokou.　483, 532, 534

三輪　Miwa.　442, 452

Mitsunori. *Voir* page 282, col. 1.

直政	Naomassa.		弋之	Saïshi.	
		N° 417			N° 437
小沢一川	Ossawa Issen.	316	左光	Sakô.	471
楽王翁	Rakouwosaï.	488	佐士淳	Sawa Shijoun.	435
			石䌓	Sékiran.	493
栁珪	Riukeï.	455	政民	Seimin.	489
立民	Riumin.	541	靜山	Seizan.	446
竜珎	Riutshin.	540	升雲齋	Shôounsaï.	531
里水	Risui.	451, 463			

笑禾	Shôrakou.	N° 451	啄斎	Tak'saï. N° 433
松鱗斎	Shôrinsaï.	485	天工	Tenkô. 422
			東滿	Tôman. 432
蕉石	Shôseki.	495	友一	Tomoitshi. 448, 465
莊園	Shôyen.	423	友信	Tomonobou. 453
舟月	Shuguessu.	434	友忠	Tomotada. 473, 490
周山	Shuzan.	412, 450	友祝	Tomotshika. 478, 484
亮直	Sukénao.	459	豊昌	Toyomassa. 416
亮忠	Sukétada.	449	安忠	Yassutada. 447, 464
			昶堂	Yeido. 413

SCULPTEURS DE BOIS ET D'IVOIRE — OBJETS DIVERS.

Yoshikadzu.
Nº 457

Yuka.
Nº 482

II. — OBJETS DIVERS

Hômin.
Nº 1257

Hôsaï.
1250

Jughiokou.
559

Ikosaï Ghizui.
1260

Juoundo Ségawa Shi-ghémitsu.
Nº 560

Korinsaï.
589

Massatsuné.
1252

282 SCULPTEURS DE BOIS ET D'IVOIRE — OBJETS DIVERS.

明鷄齋法實 Meikeisaï Norisané.
N° 392

光則 Mitsunori.
538

宗一 Mounékadzu.
1662

𠂆定 Norisada.
561

診架 Riuyeï.
1247

舟江 Shukô.
N° 562

州奇竹内久一 Shusaï Takénoutshi Kiouïtshi.
565

堤月 Teighetsu.
574

誠我 Tessaï.
581

錢我社全 Tessaï Zenshi.
1261

FORGEURS DE LAMES

FORGEURS DE LAMES

一竿子忠綱 Ikanshi Tadatsuna. N° 598

家吉 Iyéyoshi. 591

包久 Kanéhissa. 604

兼次 Kanétsougu. 606

高来 Kôraï. 592

政常 Massatsuné. 604

源貴道 Minamoto Kidô. N° 593

光定 Mitsusada. 604

文珠包久 Monju Kanéhissa. 604

埋忠 Oumétada. 599

清次郎 Seïjirô. 605

安國 Yassukouni. 603

CISELEURS

GARDES. — KODZUKA ET KOGAÏ

ANNEAUX DE SABRE. — MENOUKI ET KANAMONO

CISELEURS

明秀 Akihidé. N° 868

明廣 Akihiro. 836

章孝 Akitaka. 855

有弘 Arihiro. 774

在川 Arikawa. N° 751

浅間了民 Assama Temmin. 1284

萬氣 Atsuôki. 1050

CISELEURS.

敦家 Atsuiyé.
Nº 754

校離毅贈長 Bairiuken Kiyonaga.
757

馬面序政 Bamen Tsunémassa.
654

蟠虯軒貞中 Banriuken Teitshu.
1226, 1227

美栄 Biyei.
1190

藤原清壽 Foujiwara Kiyotoshi.
Nº 1187

法谷[...] Foukaya Tshikanobou.
970

不老軒永壽 Fourôken Yeiju.
1114

古川常珍 Fouroukawa Jôtshin.
979

風雲子若芝 Fou-ounshi Jakoushi.
1117

玉雲齊	Ghiokou Ounsaï. Nº 1094	後川乗	Gôto Jinjo. Nº 102
玉龍軒勝廣	Ghiokouriuken Katsuhiro. 848	後藤清恒	— Kiyotsuné. 1044
後藤	Gôto. 1151, 1221	後藤光文	— Mitsufumi. 1026, 1033
後藤傳乗	— Denjio. 1022	後藤光弘	— Mitsuhiro. 793, 794
後藤傳橋一乗	— Hôkio Itshijo. 1048, 1049, 1055, 1211	後藤光壽	— Mitsuhissa.

CISELEURS.

Gôto Mitsuki.
  N° 860

— Mitsukouni.
  1150

— Mitsumassa.
  607

— Mitsunaga.
  771

— Mitsutéru.
  1053, 1054

Gôto Mitsutoshi.
  N°ˢ 772, 1091

— Mitsuyassu.
  875

— Mitsuyoshi.
  804, 974

— Seijo.
  952, 1093

— Senjô.
  1057

CISELEURS.

後藤秀乗 Gôto Shujo.
No 1092

後藤泰乗 — Taïjo.
972, 1025

後藤常正 — Tsunémassa.
712, 713, 714, 715

玄應庵 Guén-o-an.
759

濱野兼随 Hamano Kenzui.
723

濱埜矩随 Hamano Kiôzui.
Nos 724, 900, 1013

濱野味墨兼随 — Mibokou Kenzui.
(OTSURIUKEN).
1125

濱埜直行 — Shôzui.
944

濱野政随 — Tshokuzui.
(GAÏOUNDO).
901

濱埜直随 — Naoyuki.
(SEÏRIOUKEN).
1040

Haruaki.
Nos 1060, 1135

春明

春田連無功

Haruda Mouraji Marko.
755

春久

Haruhissa.
796

春道

Harumitshi.
661

春島信政

Harushima Noboumassa.
1062, 1095

春利

Harutoshi.
1312

橋本一至

Hashimoto Ishi.
Nos 859, 1124

七苦川寿尧

Hasségawa Jukio.
892

英一

Hidékadzu.
895

英正

Hidémassa.
736, 1191

英満

Hidémitsu.
1156

秀寿

Hidétoshi.
857

平野友光

Hirano Tomomitsu.
941

292   CISELEURS.

平田春就 Hirata Harunari.
　　　　　Nos 1016, 102, 1034.

寶珠齋 [印] Hôjusaï.
　　　　　(MASSAKAGHÉ)
　　　　　　　　N° 847

平田就亮 Hirata Narisuké.
　　　　　　　　　697

北岳子巌山政英 Hokugakushi Gazan Massahidé.
　　　　　　　　　876

弘壽 Hirotoshi.
　　　　775, 969

鋪隨 Hôzui.
　　　　1131

弘親 Hirotshika.
　　　　807

一挌 Ikakou.
　　　　851

弘泰 Hiroyassu.
　　　　780

一溪信盧 Ikei Noboutomo.
　　　　　899

久則 Hisanori.
　　　1195, 1222

一丘齋義行 Ikiousaï Yoshiyuki.
　　　　　898

久恆 Hisatsuné.
　　　　748

久次 Hissatsugou.
　　　　708

CISELEURS.

井上清高

Inouyé Kiyotaka.
N° 750

一白齋則次

Ippak'saï Noritsu-gou.
934

一至

Ishi.
865, 1179

石黒政明

Ishigouro Massaaki.
1134

[印]

Ishigouro Massa-yoshi.
646, 835

Ishinsaï.
1303

一真砂

Ishinsaï Shiriô.
943

一心齋止龍

砂川正吉

Issagawa Massayo-shi.
N°s 747, 820

一整堂乘意

Itsando Joï.
770, 978, 984

伊藤正壽

Itô Massatoshi.
903

一至齋大森英知

Itshighiokousaï Omo-ri Hidétshika.
1214

一壽齋篤明

Itshijiusaï Atsuaki.
1051

一柔	Itshijo.	岩本昆寬	Iwamoto Konkwan.
	Nos 890, 1048		No 1148
一壽	Itshiju.		
	1308	岩本寬利	Iwamoto Kwanri.
			1154
	Itshimu.		
	862	岩本寬齋	Iwamoto Kwansaï.
一柳斎友善	Itshiriusaï Tomo-yoshi.		752
	854		Iwata.
			834
一柳友善	Itshiyanaghi Tomo-yoshi.	家次	Iyétsugou.
	709, 1169		1309
一家武壽苩	Itsukashiki Juwô.		
	846	麝芝	Jakoushi.
			641
一壽	Itsuju.		
	1237		

CISELEURS.

Jakoushi Foudoyen Korémitsu.
N° 863

Joï.
951, 960, 1128, 1142, 1143

Joshô.
739

Joghetsusaï Hiroyoshi.
776 bis.

Jugakusaï Ishigouro Massayoshi.
738

Jughiokusaï Kadzuyoshi.
N° 1192

Jukwakushi Ishigouro Koréyoshi.
896

Jukodo Tomoyoshi.
1064

Kadzunori.
1196

Kanaya Gorossaburo.
782

兼重 Kanashigué.
N° 645

金家 Kané-Iyé.
629, 633

關徑 Kankei.
644

諫鼓軒友春 Kankoken Tomoharu.
1041, 1645

艱港孚信盧 Kankôshi Noboutomo.
1046

靮支閒英昌 Kanshikan Hidémassa.
699, 768

干英子野村包教 Kanyeishi Nomoura Kanénori.
N°s 662, 839

加藤友利 Kato Tomotoshi.
1133

勝守 Katsumori.
861

桂政壽 Katsura Massatoshi.
1188

勝常 Katsutsuné.
760

河治 Kawadji.
756

河治友邑	Kawadji Tomomitshi. Nº 700	菊川久利	Kikougawa Hissatoshi. Nº 1127
河治友冨	Kawadji Tomotomi. 728	菊川南甫	Kikougawa Nampo. 1015
		記内	Kinaï. 656, 706
謙光齋一知	Kenkôsaï Kadzutshika. 1036	旭光亭文鶴	Kiokoukotei Kiôkwaku. 785
尺捄子長義	Kenrioushi Nagayoshi. 1096	汲古堂一竜	Kioukodo Itshiriu. 731
穗蜂齋政隨	Kihosai Shôzui. 841	清壽	Kiyotoshi. 856

CISELEURS.

喜左エ門寂々 Kizayémon Jakoushi.
Nº 642

黒真子 Kokoushinshi.
1038

光晃 Kôkwo.
1053

幸雲齋古川 Kô-ounsaï Kosen.
765 bis.

光理 Kôri.
971

耕高 Kôsaï.
539, 916, 1305

香雲軒友直 Kôsetsuken Tomonao.
Nº 1213

光端 Kôtan.
773

國廣 Kounihiro.
627

國重 Kounishigué.
872

古山 Kôzan.
1311

弘趣 Kôzui.
696, 1126

完齋 Kwansaï.
870, 1061

CISELEURS.

政文 Massafoumi.
N° 852

正房 Massafussa.
749

正春 Massaharu.
705

正久 Massahissa.
655

正方 Massakata.
651, 725, 864

正国 Massakouni.
742

正充 Massamitsu.
967, 1063

政守 Massamori.
1028

正長 Massanaga.
698

正孝 Massataka.
N° 720

正親 Massatshika.
718, 764

正富 Massatomi.
722

政盛 Massatomo.
765

正利 Massatoshi.
707, 726, 777, 845, 874

正豊 Massatoyo.
849

正恒 Massatsuné.
511, 716

正良 Massayoshi.
694

正義 Massayoshi.
744

CISELEURS.

政好 Massoyoshi.
N° 1027

昌義 Massayoshi.
1186

政美 Massayoshi.
1276

正之 Massayuki.
659, 956

味墨 Mibokou.
786

源長常 Minamoto Nagatsuné.
735

民衆 Minjô.
1281, 1285

武國 Minkokou.
532, 537, 1299

光廣 Mitsuhiro.
N°s 767, 779

光信寬政堂 Mitsunobou Kwan-seidô.
732

光興 Mitsuôki.
962, 1590

光貞 Mitsusada.
1147

光孝 Mitsutaka.
1056

充胤 Mitsutané.
685

光美 Mitsuyoshi.
902

紋頭巾 Mon Kenjô.
1053

CISELEURS.

發衆 Mon Tsujo.
N° 1056

壽如傘 Mori Jomei
743

守一壽 Mori Kadzutoshi.
885

守邨厚隆 Morikouni Atsutaka.
1189

盛家 Mori-Iyé.
660

守利 Moritoshi.
897

元親 Mototshika.
1042

元吉 Motoyoshi.
858

宗政 Mounémassa.
1098

望名菴亭樂 Moumeian Shôra-kou.
N° 682

宗長 Mounénaga.
791

宗則 Mounésada.
628

庄貞 Mounénori.
(NAKAYAMA.)
741

永春 Nagaharu.
652, 798

セ政 Nagamassa.
1275

セ常 Nagatsuné.
1139, 1152

長美　Nagayoshi. N° 954

中井友信　Nakaï Tomonobou. 833

直光　Naomitsu. 734

直親　Naotshika. 1289

直利　Naotoshi. 778

奈良　Nara. 800

笊野壽隨　Narabiné Jouzui. 721

奈良利國　Nara Toshikouni. 1149

乹正　Narimassa. N° 1287

仁上美光　Nijo Yoshimitsu. 1138

信　Nobou. 1225

野村正秀　Nomoura Massa-hidé. 937

乗明　Noriaki. 1283

乗正　Norimassa. 1282

矩直　Norinao. 1011

岡田正豊　Okada Massatoyo. 719

CISELEURS.

大森英秀 Omori Yeishu.
Nos 879, 880, 884, 889, 891

大門公會亭直岡 O-outshi Hakou-ountei Naokouni.
1118

大高寬長 Otaka Hironaga.
761

Otsumin.
1298

乙代 Otsuriuken.
1125

乙柳彩 Otsuriuken Mibokoū.
695, 959, 1017, 1161

人柳軒味墨

乙柳軒政隨 Otsuriuken Shôzui.
N° 738

埋忠 Oumétada.
640, 667

埋忠彥兵 Oumétada. Hikobé.
668

埋忠七左門一柳重義 Oumétada Hitshi-zayémon Itshiriu Shighéyoshi.
945

永翁好道好 Rakouwosaï Mitshiyoshi.
1058

利乘	Rijo.		Riurinsaï.
		N° 1052	N° 664
龍子遊齋豐壽	Riobounyusaï Toyotoshi.		Riutshikou.
		965	963, 1012
			Riôyenshi.
			787
龍雲齋知利	Rioounsaï Tshikatoshi.		Rôsen.
		799	99
			Sadamato.
			1030
竜駒堂光興	Riukoudo Mitsuoki.		Saki Tomonobou.
		962	928
龍門山人	Rioumon Sanjin.		Sanyuken Massaaki.
		729	1178
立武	Rioumin.		
		1304	

CISELEURS.

澤行善　Sawa Yukiyoshi.
N° 894

清來　Seijo.
649, 953

青光齋直幸　Seikôsaï Naoyuki.
1020

青雲軒廣繁　Seiounken Hiro-shighé.
967

青雲舎東峯　Seiounsha Tôhô.
1043

生漿野醉眠　Seiriôken Suimin.
N° 935

成龍軒榮壽　Seiriouken Yeiju.
663, 745

晴龍齋壽春　Seiriousaï Toshiharu.
769

政隨　Seizui.
797

重光　Shighémitsu.
1132

親　Shin.
1226

CISELEURS.

秋毫堂直景 Shiugodo Naokaghé.
N° 730

正阿弥 Shôami.
630, 639

松峯 Shôhô.
1047

松雨外㝬 Shô-ousaï Moto-tshika.
531, 1014

正樂 Shôrakou.
942

松採芳如秀 Shôsosaï Joshin.
733

政隨 Shôzui.
N°ˢ 737, 968, 1019, 1137

秋風亭 Shufoutei.
1035

秀鏡㊞ Shukiô Kôsaï.
916

秀民 Shumin.
543, 1037

春䆠軒養藏 Shunsôken Yozôkou.
727

秀樂 Shurakou.
544, 1280, 1300

CISELEURS.

藻柄子宗典 Sohéshi Sôten.
Nos 717, 758, 763, 766, 802, 803

即象 Sokoujo.
971

宗珉 Sômin.
1024, 1032

園部芳美 Sonobé Yoshihidé.
1018

宗隣 Sôrin.
1212

窯簫信盧 Soshikou Noboutomo.
1715

杦村則本 Sughimoura Norimoto.
N° 883

忠時 Tadatoki.
710, 840

忠次 Tadatsugou.
625, 683

忠美 Tadayoshi.
1145

竹内弘次 Takénooutshi Hirotsugou.
964

玉川美久 Tamagawa Yoshihissa.
882, 1141

玉川美清 Tamagawa Yoshikiyo.
1301

CISELEURS.

高橋正法 Takahashi Massa-nori. N° 711

貞命 Teimei. 626

丁代 Teimin. 1306

丁氏丁ふく Téroutada. 1031

鉄元堂尚房 Tetsughendô Nao-fussa. 740

鐵元堂正樂 Tetsughendô Shôra-kou. 643

東峯 Tôhô. 1096

桃笒英明 Tôkwaô Hidéaki. N°s 924, 1158

東海友雄 Tôkaï Natsuô. 1112

友房 Tômofussa. 665

友信 Tomonobou. 927, 928, 1268

友寧 Tomoyassu. 1146

友良 Tomoyoshi. 131

東雨 Tô-ou. 886, 1066

Ton-an Sômin, voir après Totai.

東柳軒矩壽	Tôriuken Noritoshi. Nº 877	利姓	Toshi-Ouji. Nº 906
		壽良	Toshiyoshi. 1029
🅂	Tôriusaï. 1187	🅂	Toshiyuki. 702, 703
壽明	Toshiaki. 866	🅂	Tôtaï. 653
利英	Toshihidé. 762	趣卷索珉用始知賢	Ton-an Sômin. 955
壽景	Toshikaghé. 853		Tshikaharu. 746
利光	Toshimitsu. 1123		Tshikakata. 867
利壽	Toshinaga. 1122. 1153		

CISELEURS.

筑山軒元常 Tshikuzan Ken Mototsuné. N° 1136

蝶竜齋壽 Tshioriousaï Toshikadzu. 1.097

直随 Tshokouzui. 842, 958

常正 Tsunémassa. 714, 715

常直 Tsunénao. 1140, 1210, 1220

常重 Tsunéshighé. 792

常嘉 Tsunéyoshi. N° 1065

土屋正珉 Tsutshiya Shômin. 1130

土ヤ安信 Tsutshiya Yassunobou. 1223

和田一眞 Wada Ishin. 869

渡邉壽光 Watanabé Toshimitsu. 888

山木柳林齋友保 Yamamoto Riurinsai Tomoyassu. 805

柳川直政	Yanagawa Naomassa. Nos 837, 871, 887.	永情	Yeijo. No 902
柳川直光	Yanagawa Naomitsu. 666	榮安	Yeiju. 966
柳川直重	Yanagawa Naoshighé 1007	永壽軒	Yeiju-Kèn. 1297
柳川逮壽	Yanagawa Tsurétoshi. 980	英秀	Yeishu. 801, 1185
安忠	Yassutada. 647	國	Yeishun. 961
安之	Yassuyuki. 753	榮瑞	Yeizui. 1193
酷忐	Yassutshika. 783, 784, 788, 789, 790, 795, 973, 975, 1155	喜寬	Yoshihiro. 878
		佳裳	Yoshihiro. 1302

312   CISELEURS.

 Yoshimassa.   Yoshitoshi.
                 N° 1307   N° 881

山本美光 Yoshimitsu.   美壽珠寶齋 Youôsaï.
          (YAMAMOTO.)   701
                 1197

吉岡   Yoshiôka.   行政   Yukimassa.
                 1224   1144

良次   Yoshitsugou.   是樂   Zérakou.
                 850   977

CÉRAMIQUE

CÉRAMIQUE

寶山　Hôzan.
　　　　　　　　　　Nº 1431

囲　Iwa.
　　　　　　　　　　1393

🔲　Iwakura.
　　　　　　　　　　1446

亀山　Kaméyama.
　　　　　　　　　　1391

🔲　Kénya.
　　　　　　　　　　1489

乾山　Kenzan.
　　　　Nºs 1400, 1419, 1420, 1421,
　　　　　　1422, 1423, 1451, 1484

錦光山　Kinkozan.
　　　　　　　　　　1440

旭峯　Kiôkouhô.
　　　　　　　　　　1445

久山　Kiouzan.
　　　　　　　　　　1449

CÉRAMIQUE.

吉 Kitshi.
N° 1505

万 Man (caractère de longévité).
1397, 1507

正一 Massakadzu.
518

泯平 Minpeï.
1491, 1492

仁清 Ninseï.
1430, 1436, 1451

瀬戸 Sétô.
1411

志 Shidoro.
1485

采月山鸞亭 Shôghetsuzan Rantéï.
1447

春岱 Shuntaï.
N° 1413

春山 Shunzan.
1414

宗七 Sôhitshi.
520

Térami.
1510, 1512, 1514

Térami Itshirobé.
1511

Tshôkouzan.
395

東山 Tôzan.
1400

Yérakou.
1443

BRONZES

整珉	Seimin. Nos. 1593, 1607.	声信	Tsunénobou. N° 1577
琢斎	Tak'saï. 1624	土源	Tsutshighen. 1603
辻井	Tshudji-i. 1635	羨蹈	Yoshimitshi. 1632

TABLE

INDIQUANT LE CLASSEMENT DES SIGNATURES

COMPOSÉES DE PLUSIEURS NOMS

LAQUEURS

Ghiokuzan. .	*Voir*	Jittokusaï.	Norisané. . .	*Voir*	Meikeisaï.
Hidétaka. . .	—	Kajikawa.	Ritsuô. . . .	—	Kwan.
Hogan. . . .	—	Tansen.	Sadasaki. . .	—	Kôma.
Hokio. . . .	—	Kôrin.	Sadayei . .	—	Kôma.
Ito.	—	Yamada.	Seiseï . . .	—	Kôrin.
Kiuhako. . .	—	Yassuaki.	Shinriu . . .	—	Kôma.
Kiuhakou . .	—	Kôma.	Shito	—	Yamada.
Kinko. . . .	—	Dokoïtsu.	Tatsuyé. . .	—	Shoritsusaï.
Kiuï.	—	Kôma.	Toshu. . . .	—	Kikawasaï.
Massamitsu .	—	Shômosaï.	Tshiohei. . .	—	Bakushiuhan.
Massatsumi. .	—	Horikoshi.	Tshuyen. . .	—	Senriu.
Mon.	—	Yassutshika.	Yassutada. .	—	Kôma.
Nagaharou. .	—	Hiroseï.	Yassutsugou.	—	Kôma.

NETSUKÉ

Foujiwara. .	*Voir*	Démé.	Massahidé. .	*Voir*	Démé.
Issen	—	Ossawa.	Ouman . . .	—	Démé.
Jo.	—	Massa.	Shijoun . . .	—	Jawa.
Joman. . . .	—	Démé.			

CISELEURS

Atsuaki . . .	*Voir*	Itshiriusaï.	Hakouountei	*Voir*	O-outshi.
Denjio. . . .	—	Gôto.	Hamano. . .	—	Gaïoundo.
Foudoyen . .	—	Yakushi.	Hamano. . .	—	Seiriuken.
Gazan. . . .	—	Hokugakushi.	Harunari. . .	—	Hirata.
Gorossaburo.	—	Kanaya.	Hidéaki. . .	—	Tôkwao.

Hidémassa.	Voir Kanshikan.	Massaaki.	Voir Sanyuken.
Hidétshika.	— Itshighiokusaï.	Massahidé.	— Hokugakushi.
Hikobé.	— Oumétada.	Massahidé.	— Nomoura.
Hironaga.	— Otaka.	Massakaghé.	— Hôjusaï.
Hiroshighé.	— Seiounken.	Massanori.	— Takahashi.
Hirotsugou.	— Takénoutshi.	Massatoshi.	— Itô.
Hiroyoshi.	— Jôghetsusaï.	Massatoshi.	— Katsura.
Hissatoshi.	— Kikougawa.	Massatoyo.	— Okada.
Hitshizayémon.	— Oumétada.	Massayoshi.	— Ishigoura.
Ishi.	— Hashimoto.	—	— Issagawa.
Ishigouro.	— Jukwakushi.	—	— Jugakusaï.
Itshijo.	— Gôto.	Mibokou.	— Otsuriuken.
Itshiriu.	— Oumétada.	Mitshiyoshi.	— Rakouwosaï.
Itshiriu.	— Kiukodo.	Mitsufumi.	— Gôto.
Jakoûshi.	— Fouounshi.	Mitsuhiro.	— Gôto.
Jinjio.	— Gôto.	Mitsuki.	— Gôto.
Joï.	— Issando.	Mitsukouni.	— Gôto.
Jomei.	— Mori.	Mitsunaga.	— Gôto.
Joshin.	— Shôsosaï.	Mitsuterou.	— Gôto.
Juwô.	— Itsukashiki.	Mitsutoshi.	— Gôto.
Jotshin.	— Fouroukawa.	Mitsuyassu.	— Gôto.
Jouzui.	— Narabiné.	Mitsuyoshi.	— Gôto.
Jukio.	— Hasségawa.	Mototshika.	— Shôousaï.
Kadzutoshi.	— Mori.	Mototsuné.	— Tshikuzan.
Kadzutshika.	— Kenkosaï.	Mouraji.	— Haruda.
Kadzuyoshi.	— Jughiokusaï.	Nampo.	— Kikougawa.
Kanénori.	— Kanyeishi.	Nagatsuné.	— Minamoto.
Katsuhiro.	— Ghiokouriuken.	Nagayoshi.	— Kenriushi.
Ken.	— Tshikuzan.	Nakayama.	— Mounénori.
Ken.	— Yeiju.	Naofussa.	— Tetsuguendo.
Kenjo.	— Min.	Naokaghé.	— Shiugodo.
Kenzui.	— Hamano.	Naokouni.	— O-outshi.
Kiôzui.	— Hamano.	Naomassa.	— Yanagawa.
Kiokwakou.	— Kiokoukôtei.	Naomitsu.	— Yanagawa.
Kiyonaga.	— Baïriuken.	Naoshighé.	— Yanagawa.
Kiyotaka.	— Inouyé.	Naoyuki.	— Seikôsaï.
Kiyotoshi.	— Foujiawara.	—	— Seiriuken.
Kiyotsuné.	— Gôto.	Narisuké.	— Hirata.
Konkwan.	— Iwamoto.	Natsuô.	— Tokaï.
Korémitsu.	— Yakushi.	Noboumassa.	— Harushima.
Koréyoshi.	— Jukwakushi.	Noboutomo.	— Kankôshi.
Kosaï.	— Shukiô.	—	— Ikei.
Kôsen.	— Kôounsaï.	Nomoura.	— Kanyéshi.
Kwanri.	— Iwamoto.	Noritomo.	— Sughimoura.
Kwansaï.	— Iwamoto.	Noritoshi.	— Tôriuken.
Kwanseido.	— Mitsunobou.	Noritsugou.	— Ippak'saï.
Maïko.	— Haruda.	Omori.	— Itshighiokousaï
Massaaki.	— Ishigouro.	Renjo.	— Banriuken.

CLASSEMENT DES SIGNATURES.

Riukodo.	Voir	Mitsuoki.
Riurinsaï.	—	Yamamoto.
Sanjin.	—	Rioumon.
Seijo.	—	Gôto.
Senjo.	—	Gôto.
Shighéyoshi.	—	Oumétada.
Shirio.	—	Ishinsaï.
Shômin.	—	Tsutshiya.
Shôrakou.	—	Mouméian.
—	—	Tetsughendo.
Shujo.	—	Gôto.
Shôzui.	—	Kihôsai.
Shôzui.	—	Otsuriuken.
Sôten.	—	Soheshi.
Shôzui.	—	Ten-an.
Sômin.	—	Hamano.
Suimin.	—	Seiriuken.
Taïjo.	—	Gôto.
Teïtshu.	—	Banriuken.
Temmin.	—	Assama.
Tomonao.	—	Kosetsuken.
Tôhô.	—	Seiounsha.
Tomoharu.	—	Kankoken.
Tomomitshi.	—	Kawadji.
Tomomitsu.	—	Hirano.
Tomonobou.	—	Nakaï.
—	—	Saki.
Tomotomi.	—	Kawadji.
Tomotoshi.	—	Kato.
Tomoyassu.	—	Yamamoto.

Tomoyoshi.	Voir	Itshi.
—	—	Itshiriusaï.
—	—	Yukodo.
—	—	Itshiyanaghi.
Tôriusaï.	—	Foujiwara.
Toshiharu.	—	Seiriusaï.
Toshimitsu.	—	Watanabé.
Toyotoshi.	—	Riobounyusaï.
Tshikano.	—	Foukawa.
Tshikatoshi.	—	Rioounsaï.
Tshokuzui.	—	Gaïoundo.
Toshikadzu.	—	Tshioriousaï.
Tsujo.	—	Mon.
Tsunémassa.	—	Gôto.
Tsurétoshi.	—	Bamen.
—	—	Yanagawa.
Yanaghi.	—	Itshi.
Yassunobou.	—	Tsutshiya.
Yeiju.	—	Fouroken.
Yeiju.	—	Seiriuken.
Yeishu.	—	Omori.
Yoshihide.	—	Sonobé.
Yoshihissa.	—	Tamagawa.
Yoshikiyo.	—	Tamagawa.
Yoshimitsu.	—	Nijo.
Yoshimitsu.	—	Yamamoto.
Yoshiyouki.	—	Ikiousaï.
Yozokou.	—	Shunsôken.
Yukiyoshi.	—	Sawa.

IMPRIMÉ
PAR
GEORGES CHAMEROT
19, rue des Saints-Pères, 19
PARIS

VENTES
PH. BURTY

~~~

MARS 1891

~~~

Mᵉ MAURICE DELESTRE, Commissaire-Priseur
27, RUE DROUOT, 27
PARIS

Étude de Mᵉ **MAURICE DELESTRE**, Commissaire-Priseur
RUE DROUOT, 27, A PARIS

COLLECTIONS

DE FEU

Philippe Burty

INSPECTEUR DES BEAUX-ARTS
CHEVALIER DE LA LÉGION D'HONNEUR

TABLEAUX

MODERNES ET ANCIENS

AQUARELLES ET DESSINS

TERRES-CUITES, BRONZES, ETC.

VENTE HOTEL DROUOT, SALLE N° 3

Les Lundi 2 et Mardi 3 Mars 1891, à 2 heures 1/2

EXPERT :

M. EUGÈNE FÉRAL, Peintre, 54, Faubourg Montmartre

EXPOSITION PUBLIQUE

Hôtel Drouot, Salle n° 3, Dimanche 1ᵉʳ Mars

Voir les Catalogues chez les Experts chargés de la Vente

Étude de M° MAURICE DELESTRE, Commissaire-Priseur
RUE DROUOT, 27, A PARIS

LITHOGRAPHIES
ET
EAUX-FORTES MODERNES

ŒUVRES DE
BRACQUEMOND, DECAMPS, DELACROIX, S. HADEN
MEISSONIER

VENTE HOTEL DROUOT, SALLE N° 3

Les Mercredi 4 et Jeudi 5 Mars 1891, à 2 heures précises

EXPERT :
M. JULES BOUILLON, marchand d'Estampes de la Bibliothèque Nationale
3, RUE DES SAINTS-PÈRES, 3

Exposition particulière : chez l'Expert, dix jours avant la vente

BIBLIOTHEQUE
OUVRAGES DIVERS ANCIENS ET MODERNES

BEAUX-ARTS, ROMANTIQUES, AUTEURS CONTEMPORAINS

VENTE HOTEL DROUOT, SALLE N° 3

Du Lundi 9 au Samedi 14 Mars 1891, à 2 heures précises

EXPERTS :
MM. ÉM. PAUL, L. HUARD ET GUILLEMIN
Libraires de la Bibliothèque Nationale
28, RUE DES BONS-ENFANTS, 28

EXPOSITIONS

PARTICULIÈRE : *Du Lundi 2 au Mercredi 4 Mars, chez les Experts;*
PUBLIQUE : *Hôtel Drouot, Salle n° 3, le Dimanche 8 Mars.*

Voir les Catalogues chez les Experts chargés de la Vente

Étude de Mᵉ **MAURICE DELESTRE**, Commissaire-Priseur

RUE DROUOT, 27, A PARIS

PEINTURES
ET
ESTAMPES JAPONAISES

PRÉCIEUSE SÉRIE D'ŒUVRES ORIGINALES

DES

ANCIENNES ÉCOLES ARTISTIQUES DU JAPON

LIVRES RELATIFS AU JAPON

VENTE HOTEL DROUOT, SALLE N° 3

Du Lundi 16 au Vendredi 20 Mars 1891, à 2 heures précises

EXPERT :

M. Ernest LEROUX, Libraire de la Société Asiatique et de l'École des Langues Orientales vivantes

28, RUE BONAPARTE, 28

EXPOSITION PUBLIQUE

Hôtel Drouot, Salle n° 8, Dimanche 15 Mars 1891

OBJETS D'ART
DU JAPON ET DE LA CHINE

VENTE

Dans les GALERIES DURAND-RUEL, 11, rue Le Peletier

Du Lundi 23 au Samedi 28 Mars 1891, à 2 heures précises

AVEC L'ASSISTANCE DE

M. S. BING, Rue de Provence, 22

EXPOSITIONS

PARTICULIÈRE : le Samedi 21 Mars 1891 | PUBLIQUE : le Dimanche 22 Mars

Voir les Catalogues chez les Experts chargés de la Vente.

www.ingramcontent.com/pod-product-compliance
Lightning Source LLC
Chambersburg PA
CBHW072019150426
43194CB00008B/1174